能源与电力分析年度报告系列

2021 世界电力行业跨国投资分析报告

国网能源研究院有限公司　编著

中国电力出版社
CHINA ELECTRIC POWER PRESS

内 容 提 要

《世界电力行业跨国投资分析报告》是能源与电力分析年度报告系列之一，主要对世界电力行业跨国投资情况和投资特点进行跟踪分析，研究电力行业投资环境和发展趋势，为我国电力企业开展跨国投资、服务“一带一路”建设提供借鉴和参考。

本报告分析了世界电力行业跨国投资整体情况，对电力行业跨国投资面临的环境形势进行研判；分别针对欧洲、美洲、亚洲与大洋洲主要地区、非洲与中东等典型地区，从电力行业跨国投资特点和典型投资案例等方面展开分析；研究了中国、欧洲和日本主要电力企业跨国投资特点，并对中国电力企业开展跨国投资提出相关建议。

本报告可供能源电力行业研究人员和政策制定者参考使用。

图书在版编目（CIP）数据

世界电力行业跨国投资分析报告．2021/国网能源研究院有限公司编著．—北京：中国电力出版社，2021.12

（能源与电力分析年度报告系列）

ISBN 978-7-5198-6227-5

Ⅰ.①世… Ⅱ.①国… Ⅲ.①电力工业—工业企业—对外投资—研究报告—世界—2021 Ⅳ.①F416.61

中国版本图书馆 CIP 数据核字（2021）第 240074 号

出版发行：中国电力出版社
地　　址：北京市东城区北京站西街 19 号（邮政编码 100005）
网　　址：http：//www.cepp.sgcc.com.cn
责任编辑：刘汝青（010-63412382）　李文娟
责任校对：黄　蓓　马　宁
装帧设计：赵姗姗
责任印制：吴　迪

印　　刷：北京瑞禾彩色印刷有限公司
版　　次：2021 年 12 月第一版
印　　次：2021 年 12 月北京第一次印刷
开　　本：787 毫米×1092 毫米　16 开本
印　　张：8.5
字　　数：114 千字
印　　数：0001—2000 册
定　　价：88.00 元

前　言
PREFACE

2020年是极不寻常的一年，百年未有之大变局与新冠肺炎疫情交织，全球经济陷入严重衰退，世界进入动荡变革期，国际形势不稳定性不确定性明显上升。新冠肺炎疫情的全球蔓延使得多项经济活动按下“暂停键”，跨国投资和贸易往来遭到重创。疫情加剧了逆全球化、单边主义和保护主义思潮，国际经贸投资规则在发达经济体和发展中经济体的多方博弈中重塑，在国际社会日益重视碳减排的背景下，电力行业的清洁低碳和智能化数字化发展趋势日益突显。这些都将对电力行业跨国投资趋势和方向产生深远影响。

《世界电力行业跨国投资分析报告》是国网能源研究院有限公司推出的“能源与电力分析年度报告系列”之一，持续跟踪、系统分析世界电力行业跨国投资的最新进展和发展趋势，为我国电力企业深入了解投资环境、把握市场机遇、管控投资风险、提升对外投资经营水平提供重要参考。本年度报告对全球宏观环境和电力行业发展环境最新形势进行分析，对电力行业跨国投资最新动态进行跟踪，对世界主要地区的电力投资环境和典型案例进行梳理，对主要电力企业跨国投资情况进行分析，并对中国电力企业对外投资提出相关建议。

本报告分为整体篇、地区篇、展望篇，共10章。整体篇包括世界跨国投资整体情况、世界电力行业发展总体趋势和投资概况、中国电力企业和国外典型电力企业跨国投资进展分析；地区篇包括“一带一路”、欧洲、美洲、亚洲与大洋洲主要地区、非洲与中东等地区电力行业投资环境和投资进展；展望篇包括对中国电力企业对外投资的相关建议。

本报告中概述、第 1 章由徐杨主笔；第 2 章由肖汉雄、徐杨主笔；第 3 章由冯昕欣、徐杨主笔；第 4 章由冯昕欣主笔；第 5 章由徐杨主笔；第 6 章由肖汉雄主笔；第 7 章由冯昕欣主笔；第 8 章、第 9 章由肖汉雄主笔；第 10 章由徐杨、冯昕欣主笔。全书由徐杨、冯昕欣统稿，马莉、高国伟、张晓萱、范孟华校核。许嘉宜和徐尧等实习生协助整理了部分数据资料。

在本报告的编写过程中，得到了国家电网有限公司国际合作部、研究室等部门的指导，在此表示衷心感谢！

限于作者水平，虽然对书稿进行了反复研究推敲，但难免仍会存在疏漏与不足之处，恳请读者批评指正！

编著者

2021 年 11 月

目 录
CONTENTS

地 区 篇

展 望 篇

概　　述

2020年，新冠肺炎疫情席卷全球，世界经济遭遇重创，整体萎缩3.6%，世界跨国投资大幅下降。尽管如此，由于全球能源转型正在加速推进，电力行业在能源生产和消费中的地位日益突显，2020年电力行业投资仅出现小幅下降。放眼后疫情时代，一方面，全球经济复苏将促进电力需求增长；另一方面，加快碳减排行动已在世界范围内形成广泛共识，清洁能源发电及与之相适应的电网、储能等领域投资依然势头强劲。

我国将“碳达峰、碳中和”（简称“双碳”）目标纳入经济社会发展战略布局，积极推动全球能源绿色转型发展，并宣布不再新建境外煤电项目，为中国电力企业对外投资指明了方向。同时，新冠肺炎疫情使得全球经济复苏存在不平衡性和不确定性，加剧了大国间竞争博弈，国际经贸投资规则在区域经济合作中不断调整重塑。综合来看，中国电力企业对外投资空间广阔，但也面临复杂的国际合作与竞争形势。

（一）国际宏观新形势

世界经济正缓慢复苏，但受新冠肺炎疫情持续、能源和原材料价格上涨、发达经济体缩减量宽预期等影响，经济增长不平衡性和不确定性加大；国际政治经济格局大变革大调整态势更加明显，大国竞争博弈加剧；逆全球化、保护主义、民粹主义和霸权主义进一步抬头，威胁全球产业链供应链的安全和稳定；区域经济一体化蓬勃发展，也对国际经贸规则重塑产生深远影响；绿色低碳发展在世界范围内受到空前重视，加快能源转型、实现可持续发展已成为国际社会的共同理念和行动。

（二）世界跨国投资整体情况

受新冠肺炎疫情冲击，全球跨国直接投资下降至2005年以来最低水平，中国首次成为全球最大对外投资国。2020年全球跨国直接投资下降35%至9989亿美元，比国际金融危机后的2009年低谷期低20%。发达经济体和发展中经济体外资流入量均出现下降（分别降低58%和8%），亚洲是唯一实现外资流入量逆势增长的地区。中国对外直接投资增长12%至1537亿美元，居全球首位。

全球跨境并购和绿地投资规模均出现下降，疫情提升了数字化服务需求，使得信息通信行业的并购和绿地投资都较为活跃。

（三）世界电力行业跨国投资情况

一是世界电力行业投资总规模出现小幅下降，其中储能、核电等领域投资增长较快，输配电、风电等领域投资规模较高。2020年世界电力行业总投资额较上年仅下降1.67%，相较于全球经济受到的显著冲击，电力行业投资得益于碳中和的全球推进而呈现较强韧性。储能、核电、充电桩等基础设施领域投资增长较快，分别增长35.1%、19.5%和35.2%。投资规模排名前五位的领域为输配电、风电、化石燃料发电、光伏发电和水电，其中全球输配电投资规模与上年基本持平，水电、风电、光伏发电和化石燃料发电投资额分别下降14.6%、12.9%、10.8%和9.4%。北美地区2020年电力行业投资额为3206亿美元，为全球电力行业投资最活跃的地区；欧洲地区次之，为3008亿美元；亚洲与大洋洲主要地区、拉丁美洲、非洲与中东地区分别为1998亿美元、448亿美元和241亿美元。

二是北美、欧洲、亚洲与大洋洲主要地区是全球电力投资的主要目的地，各地区清洁能源相关的电力投资均增长较快。北美地区2020年电力行业投资额为3206亿美元，为全球电力行业投资最活跃的地区；欧洲地区次之，为3008亿美元；亚洲与大洋洲主要地区、拉丁美洲、非洲和中东地区分别为1998亿美元、448亿美元和241亿美元。欧洲地区核电、储能和水电投资增速较快，北美地区地热发电、智能电网和储能投资增速较快，拉美地区智能电网、太阳能发电（含光伏发电和光热发电）和生物质发电投资增速较快，亚洲与大洋洲主要地区输配电、潮汐发电和储能投资增速较快，非洲与中东地区水电、输配电和化石燃料发电投资增速较快。

三是新冠肺炎疫情加速了欧洲能源电力企业资产出售进程，美国民主党执政后可再生能源投资规模迅速扩大，拉丁美洲电网投资扩张较快，亚洲风电市场快速增长且金融机构缩减地区煤电融资，非洲推动能源电力外资来源多元

化，中东主要产油国正促进碳捕集利用与封存（carbon capture，utilization and storage，CCUS）、氢能和氨产业投资。法国EDF公司为实现业务重组，主要以股权出售方式主动剥离部分海外风电、石油和天然气资产。英国国家电网公司计划出售其天然气子公司（NGG）的多数股权，从而成为纯电网企业。英国SSE能源公司计划出售其天然气子公司（SGN）33%的股份，丹麦Ørsted能源公司剥离公用事业资产和电力零售业务，目的都为专注于可再生能源开发。美国2020年投资于风能、太阳能等可再生能源领域的交易规模约为投资于化石能源领域交易规模的4～5倍。拉丁美洲电力需求增长和能源清洁转型叠加，输配电投资空间较大。亚洲多国海上风电经验相对缺乏，但正加大对技术创新、投资补贴和财税支持力度。亚洲开发银行、花旗、汇丰以及日本、韩国等的金融机构纷纷表示停止对亚洲地区煤电项目的贷款等融资活动。非洲能源电力企业和金融机构与欧洲、俄罗斯、韩国相关机构积极开展合作。中东多国通过推动CCUS、氢能和氨等领域投资加快能源转型步伐。

四是欧洲和日本部分电力企业在新能源领域的对外投资较为活跃，欧洲电力企业海外投资目的地主要集中在欧洲、美洲和非洲等，部分企业重视在新业态领域积极开展跨国合作，日本电力企业海外投资目的地以亚洲、美洲和大洋洲等为主。欧洲电力企业海外投资领域主要有风电、太阳能发电、储能和电力服务等。部分欧洲企业重视对新兴领域的投资开发合作，如西班牙Iberdrola公司与英国BP公司等多家企业联合开展绿氢领域研究，与美国Innowatts公司合作开发人工智能平台以提高电力服务水平，法国Engie公司与挪威、荷兰等能源企业在绿氢、太阳能加储能的分布式发电、小型模块化反应堆等领域谋求投资合作。日本电力企业在国外主要投资太阳能发电、风电、生物质发电、垃圾发电和燃气发电等项目。

五是中国电力企业积极克服新冠肺炎疫情影响，主动应对国际市场变化，对外投资逆势增长。2020年，中国主要电力企业对外直接投资总金额为78.5亿美元，较上年上升84.3%，对外直接投资项目共32个。对外投资区域主要集中在亚洲、欧洲和南美洲地区。投资领域主要为输变电、火电、新能源发电、水电和储能等。其中，输变电领域投资金额最高，共计 41.9 亿美元，占比约为 53.3%，火电、新能源发电、水电和储能投资额分别约为 21.4 亿美元、4.5 亿美元、3 亿美元和 0.4 亿美元。

六是后疫情时代世界经济反弹将带来电力需求增长，多国碳中和目标政策的实施、绿色“一带一路”建设的推进、区域经济合作的蓬勃发展等，给中国电力企业境外投资带来了众多机遇。国际能源署（International Energy Agency，IEA）预测 2021 年全球电力需求将超过 2019 年水平，多国和地区制定了能源转型政策措施。中国宣布将大力支持发展中国家能源绿色低碳发展，积极推动共建绿色“一带一路”，不再新建境外煤电项目。多国和地区积极推动区域和双边自由贸易区建设，缔结了较多开放水平和标准更高、涉及领域更广的自贸协定。中国已申请加入《全面与进步跨太平洋伙伴关系协定》（CPTPP）和《数字经济伙伴关系协定》（DEPA），向建设更高水平开放型经济新体制迈出重要步伐。

七是疫情使得国外的投资监管形势进一步趋严，中国电力企业对外投资面临审批、环保、税务甚至国际制裁和长臂管辖等相关的合规风险，及竞争中性等国际规则带来的约束和挑战。当前，部分国家和国际组织对涉及能源电力等战略性和敏感性行业的外资安全审查呈收紧趋势，审批规定日趋严格。中国电力行业国有企业对外投资更易遭受“单一经济体”及“第三能源包”法案等反垄断审查，导致投资过审难度加大，境外资产运营还可能面临更多的法律风险和经济损失。中国申请加入 CPTPP，体现了通过推动制度型开放深化改革的诚意和决心，也意味着国内将会围绕竞争中性原则等进行相关制度性安排，或对部分电力企业“走出去”形成一定冲击。

整体篇

1

世界跨国投资整体情况分析

1.1 国际宏观新形势

（1）世界经济缓慢复苏但存在区域不平衡性，受新冠肺炎疫情持续、能源和原材料价格上涨、发达经济体缩减量宽预期等影响，经济增长的不平衡性和不确定性加大。2021 年 6 月，世界银行发布了《全球经济展望》，预测 2021 年全球经济将增长 5.6%左右，是近 80 年来最快的衰退后增速。全球经济复苏势头强劲但不均衡，增长集中在中国、美国和欧元区等少数几个主要经济体（预计分别增长 8.5%、6.8%和 4.2%），大多数新兴市场和发展中经济体由于新冠肺炎疫苗接种障碍、宏观经济政策实施缺乏空间和自主性等，经济复苏迟缓。全球经济恢复推动能源和工业品需求较快增长，导致煤、油、气、电等能源价格和有色金属、矿石原料等工业原材料价格大幅攀升，进一步加剧了短期供需矛盾。11 月初，美国联邦储备委员会宣布开始启动 Taper 进程（即逐渐缩减资产购买规模，以减少量化宽松政策力度），未来可能加剧新兴市场国家汇率波动，经济增长更加不稳定。

（2）国际政治经济格局大变革大调整态势更加明显，大国竞争博弈加剧。随着中国等发展中经济体的崛起，世界经济“东升西降”趋势明显，传统发达经济体和发展中经济体的发展速度、发展模式等交织碰撞，全球治理体系和国际形势、国际力量对比变化的不对称加大。美国以立法和联合盟友等形式企图全面遏制中国发展，中美战略博弈在贸易、投资、科技、金融、军事、意识形态等多领域蔓延。2021 年 6 月，美国国会参议院通过了《2021 年美国创新与竞争法案》，该法案计划加强美国在半导体和电信设备等领域的科技研发，并在产业发展、贸易政策、外交国防、教育医疗等多方面制定对华竞争战略。6—7 月，美国先后将 59 家中企列入投资“黑名单”，将 23 家中国实体列入出口管制“实体清单”。9 月，美国、英国、澳大利亚签订了三边安保联盟协定（名为 AUKUS），对地区和平稳定造成威胁和损害。9 月，美国与欧盟新组建的美欧贸易和技术理事会召开首次会议，在联合声明中表示双方将在一些关键领域联手并“对抗”第三方国家。10 月，美国公布了对华贸易关系新策略，从中可看出竞争仍是其主基调，并且美方强调将在针对中国产业政策等相关问题上，与盟友加强合作。

(3) 逆全球化、保护主义、民粹主义和霸权主义进一步抬头，威胁全球产业链供应链的安全稳定。新冠肺炎疫情的持续，使经济全球化遭遇逆流，部分经济体加强了对外国投资的审查力度。2020 年 10 月，《欧盟外国投资条例》正式生效，根据该条例欧盟将建立合作机制，允许欧盟各国政府对来自非欧盟国家、可能威胁安全或公共秩序的投资进行监控；2021 年 8 月，英国宣布新修订的《国家安全与投资法》将于 2022 年 1 月全面实施，规定政府能够对任何人（包括企业和投资者）进行的可能危害国家安全的某些收购行为进行审查和干预，并确定了 17 个特定敏感领域[1]，在这些领域进行收购的投资者可能需要获得政府批准才能完成收购。部分保护主义和民粹主义者鼓吹本国优先，加大了生产要素、商品、人员等跨境流动的受限程度，对全球产业链供应链的持续安全稳定造成冲击。2021 年 9 月，美国以提高芯片供应链透明度为由，对中国台湾的台积电、联电、日月光、环球晶等和韩国的三星、SK 海力士等半导体企业提出限期提交大量核心机密数据的“霸道”要求，给全球芯片供应链的畅通稳定带来很大的不确定性。

(4) 区域经济一体化蓬勃发展，也对国际经贸规则重塑产生深远影响。近年来，以世界贸易组织（WTO）等传统的多边治理框架为基础的经贸规则谈判久拖未决、改革进展迟缓，导致新的全球贸易投资治理的总体规则框架尚未出台，WTO 的上诉机制也近乎停摆。多边治理机制的“暂停”，使得世界多国和地区纷纷转向推动区域和双边自由贸易区域建设。据不完全统计，向 WTO 通报的区域和双边自贸协定已多达数百个，如《全面与进步跨太平洋伙伴关系协定》(CPTPP)，《欧日经贸伙伴关系协定》《美日贸易协定》《美墨加三国协定》(简称 USMCA)、将于 2022 年正式生效的《区域全面经济伙伴关系协定》

---

[1] 17 个敏感领域包括：先进材料、先进机器人、人工智能、民用核能、通信、计算硬件、政府关键供应商、密码认证、数据基础设施、国防、能源、军民两用、量子技术、卫星和空间技术、应急服务供应商、合成生物学、运输。

（RCEP）等。很多自贸协定不仅在传统的货物贸易领域开放水平较高，还越来越多地涉及国有企业、数字经济等涉及成员国国内规制和新兴领域议题，引领了国际经贸投资规则重塑的方向。

（5）绿色低碳发展在世界范围内受到空前重视，“碳达峰、碳中和”、能源转型、可持续发展、应对气候变化、保护生物多样性、减少污染等成为国际共识。公开资料显示，约有130个国家和地区已提出21世纪中叶实现碳中和目标。面对新冠肺炎疫情冲击，联合国呼吁扩大绿色投资，促进可持续发展。欧盟将绿色转型作为欧洲经济增长新战略，围绕支持绿色经济复苏持续出台多项新政举措，制定了《欧洲绿色协议》投资计划，德国、法国、意大利等多个欧盟国家积极响应。2021年10月底，二十国集团（G20）领导人第十六次峰会通过了《二十国集团领导人罗马峰会宣言》，就疫苗、气候、生物多样性、发展中国家工业化、债务暂缓偿付、数字经济等议题做出承诺。11月初，COP26（《联合国气候变化框架公约》第二十六次缔约方大会）达成了《格拉斯哥气候公约》，提出各国将逐步削减煤炭消费。在碳中和与可持续发展的共同目标下，衡量和评价企业和机构是否具备足够社会责任感的环境、社会和治理（environment social and governance，ESG）投资理念在国际上的关注度日益提高，有望成为全球主流趋势。

中国于2021年7月发布了《对外投资合作绿色发展工作指引》，给中国企业对外绿色投资提供指导。9月，宣布不再新建境外煤电项目，并先后发布了《关于完整准确全面贯彻新发展理念做好碳达峰碳中和工作的意见》《2030年前碳达峰行动方案》和《中国应对气候变化的政策与行动》白皮书，向《联合国气候变化框架公约》秘书处正式提交《中国落实国家自主贡献成效和新目标新举措》和《中国本世纪中叶长期温室气体低排放发展战略》。10月，第二届“一带一路”能源部长会议在中国青岛召开并发布倡议，呼吁各方一致支持发展中国家能源绿色低碳发展。11月初，中国人民银行推行一项结构性货币政策工具，即碳减排支持工具，以支持清洁能源、节能环保和碳减排技术等重点领域发展。中国围绕绿色发展的顶层设计、具体举措和国际间倡议等一系列实际行动，充分展现了负责任的大国担当。

1.2 世界跨国投资新特点

(1) 2020年全球外国直接投资下降35%，为2005年以来的最低水平。 2020年新冠肺炎疫情席卷全球，导致2020年全球外国直接投资（foreign direct investment，FDI）降至9989亿美元（见表1-1），甚至比国际金融危机后的2009年低谷期低20%。新冠肺炎疫情使得多个国家和地区经济停摆，潜在的跨国投资项目交易进展受挫，经济衰退的前景、跨国公司财务状况不佳迫使投资者重新评估新项目。全球FDI下降幅度明显大于全球GDP和贸易的下降幅度（世界银行统计2020年全球GDP下降3.59%，世界贸易组织预测2020年全球商品贸易额下降5.6%）。

表1-1 世界主要地区2018—2020年FDI流入情况 亿美元

地区	2018年		2019年		2020年	
	FDI流入量	增长率	FDI流入量	增长率	FDI流入量	增长率
发达国家	**7076**	**-21%**	**7490**	**6%**	**3122**	**-58%**
其中：欧洲	3443	-31%	3626	5%	725	-80%
北美	2616	-18%	3092	18%	1801	-42%
发展中国家	**6925**	**-1%**	**7234**	**4%**	**6626**	**-8%**
其中：非洲	454	13%	471	4%	398	-15%
亚洲（不包括日本）	4965	-2%	5155	4%	5353	4%
拉丁美洲和加勒比地区	1501	-4%	1605	7%	876	-45%
转型经济体❶	**366**	**-28%**	**578**	**58%**	**242**	**-58%**
全球总计	**14 367**	**-13%**	**15 302**	**7%**	**9989**	**-35%**

资料来源：联合国贸易和发展会议（United Nations Conference on Trade and Development，UNCTAD）FDI数据库（其中2018、2019年为UNCTAD修正后数据）。

❶ 根据UNCTAD报告，转型经济体主要包括欧洲东南部国家（阿尔巴尼亚、波黑、黑山、北马其顿、塞尔维亚）、独联体国家（俄罗斯、白俄罗斯、乌克兰、亚美尼亚、阿塞拜疆、哈萨克斯坦、吉尔吉斯斯坦、塔吉克斯坦、土库曼斯坦、乌兹别克斯坦、摩尔多瓦）和格鲁吉亚。

(2) 发达经济体 FDI 流入量大幅下降，其中欧洲 FDI 流入量下降多达 80%。根据联合国贸易和发展会议（United Nations Conference on Trade and Development，UNCTAD）发布的《世界投资报告 2021》，发达经济体 2020 年 FDI 流入量为 3122 亿美元，比 2019 年下降 58%，其中欧洲 2020 年 FDI 流入量骤降 80%，仅为 725 亿美元。英国、法国和德国 FDI 流入量分别下降 57%、47%和 34%，欧盟成员国 FDI 流入量下降 73%至 1030 亿美元。美国由于跨国公司的再投资收益减少而降低了投资意愿，导致 FDI 流入量减少了 40%至 1560 亿美元，但仍是最大的 FDI 流入国（见图 1-1）。除了受疫情影响以外，一些大型跨国公司内部资金流的剧烈波动和公司重组也加剧了 FDI 下降态势。

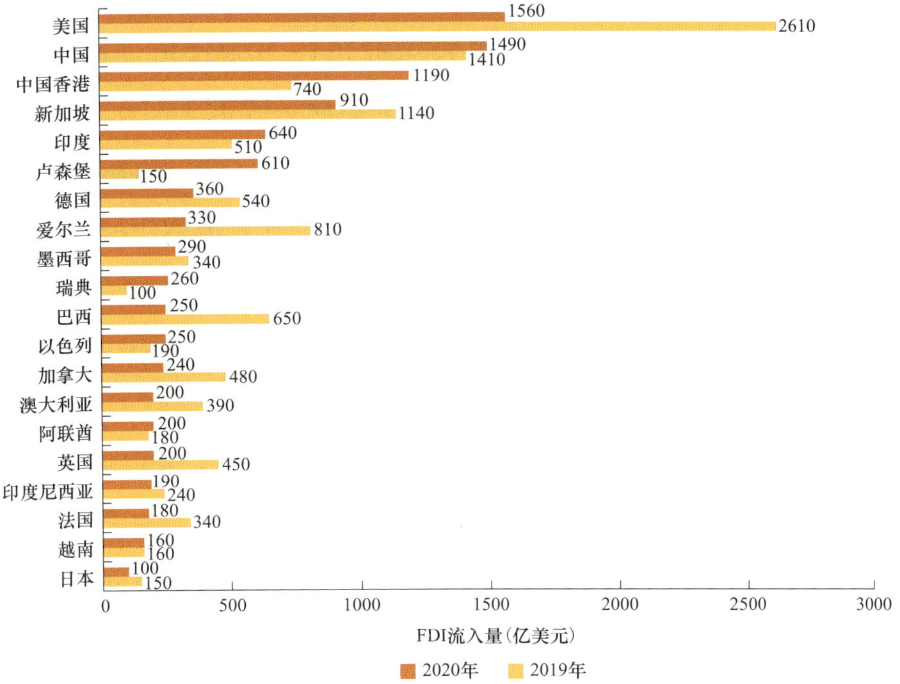

图 1-1　2019—2020 年世界 FDI 流入量前 20 名的经济体

资料来源：UNCTAD《世界投资报告 2021》。

(3) 发展中经济体的 FDI 流入量有小幅下降，其中亚洲是唯一实现 FDI

流入量逆势增长的地区，拉丁美洲、非洲和转型经济体 FDI 流入量均大幅下降。2020 年发展中经济体的 FDI 流入量为 6626 亿美元，降幅为 8%。亚洲发展中经济体仍是最大的 FDI 接受地区，FDI 流入量为 5353 亿美元，占全球 FDI 比重由上年的 31%上升为 50%以上。其中东南亚 FDI 流入量减少 25%至 1360 亿美元，包括往年吸收外资较多的新加坡、印度尼西亚和越南，分别下降 21%、22%和 2%。2020 年签署的《区域全面经济伙伴关系协定》(RCEP) 成员成为最大的外资接受群体之一，仅次于 G20。中国的 FDI 流入量增长 6%至 1490 亿美元，仅次于美国位列第二，这主要归因于控制疫情后率先复工复产使得经济增长强劲以及投资便利化措施。印度由于信息和通信技术行业收购活跃，外资流入增加，成为第五大外资接受国。

非洲、拉丁美洲和加勒比地区及转型经济体由于疫情抑制了出口需求，2020 年初大宗商品价格大幅下跌，造成经济黯淡，降低了对投资者的吸引力。2020 年非洲外资流入下降 15%回到了 15 年前的外资水平 (398 亿美元)，埃及是非洲最大的外资接受国。拉丁美洲和加勒比地区外资流入下降 45%至 876 亿美元，巴西、智利、哥伦比亚和秘鲁等的外资流入均大幅下降。转型经济体外资流入下降 58%，其中俄罗斯的外资流入由 2019 年的 320 亿美元降至 100 亿美元，主要由于其采掘业对外资的吸引力减弱。

(4) 在对外直接投资方面，发达经济体和转型经济体的 FDI 流出量均大幅减少，中国首次成为全球最大对外投资国。2020 年发达经济体的对外投资减少 56%至 3470 亿美元，在全球 FDI 流出量中的比重降至史上最低的 47%。欧洲 FDI 流出量下降 80%至 740 亿美元，为 1987 年以来的最低水平，主要由于荷兰、德国、爱尔兰和英国的对外投资额大幅减少。美国对外投资额为 930 亿美元，基本与上年持平 (上年对外投资额为 940 亿美元)，其中在欧洲地区的投资增加，在亚洲地区 (主要是新加坡) 的投资减少。日本过去两年都是全球最大的对外投资国，但 2020 年由于没有开展大规模的跨境并购，对外投资下降了一半至1160亿美元。发展中经济体的对外投资下降了7%，其中中国的对外投资增长12%至1537亿美元[1]，占世界比重21%，首次成为世界第一大FDI流出国（见图1-2）。泰国对外直接投资增长了一倍多，达170亿美元，主要投向了邻国的金融服务业和制造业。拉丁美洲对外投资额第一次出现减少，主要源于巴西、墨西哥等对外投资减少，智利对外投资增加25%至120亿美元。转型经济体对外投资下降76%，俄罗斯由于采掘业企业海外再投资收益降低，减少了对外投资活动。

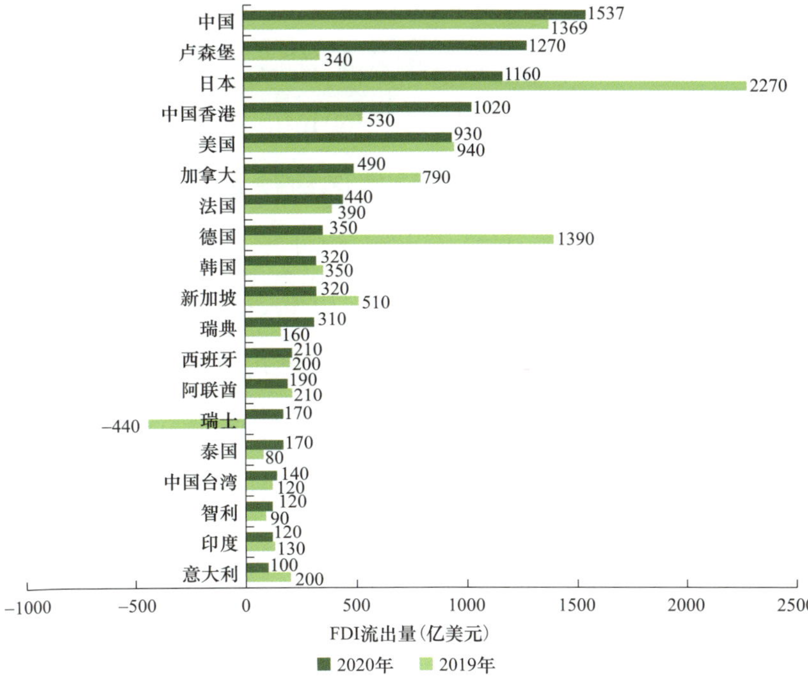

图1-2　2019—2020年世界FDI流出量前20名的经济体

资料来源：中国FDI流出量数据来源于《2020年度中国对外直接投资统计公报》，其他经济体数据来源于UNCTAD《世界投资报告2021》。

---

[1] 此处采用的是中国商务部、国家统计局和国家外汇管理局于2021年9月联合发布的《2020年度中国对外直接投资统计公报》公布的2020年中国对外直接投资数据。按照UNCTAD于2021年6月发布的《世界投资报告2021》，2020年中国对外直接投资1330亿美元，仍然位居全球第一。

(5) 2020年全球跨境并购规模下降6%，交易宗数下降13%，由于疫情的原因主要信息通信和制药行业的交易较为密集。2020年跨境并购交易金额达4750亿美元，比2019年下降6%（见图1-3和图1-4）。发达经济体对外并购金额下降11%，其中北美地区下降40%。从并购行业来看，食品、饮料和烟草行业的跨境并购价值增长了一倍，达860亿美元（见表1-2），其中并购金额最大的项目是联合利华公司（英国）和联合利华公司（荷兰）以810亿美元的价格进行了公司重组。并购交易宗数最多的是信息通信行业和制药行业，主要原因是新冠肺炎疫情催生了对数字化和医药卫生相关的巨大需求。与数字化相关的、资产并购规模显著增长的领域主要有计算机、电子、光学产品和电子设备、信息与技术等，如德国的Infineon公司以98亿美元收购了美国的Cypress公司（芯片行业）。2020年医药行业跨境并购以小金额规模交易为主，交易数量大幅上升，达到211笔，创下了历史最高纪录；医药企业之间也在开展研发合作，如美国辉瑞公司（Pfizer）和德国BioNTech公司之间在新冠肺炎疫苗方面开展合作。采矿、采石和石油行业保持过去十年稳步收缩态势，2020年的跨境并购金额下降31%，特别是发达经济体的部分石油和天然气公司开始剥离相关业务，而在亚洲发展中国家和转型经济体，该行业的并购规模仍在增长。

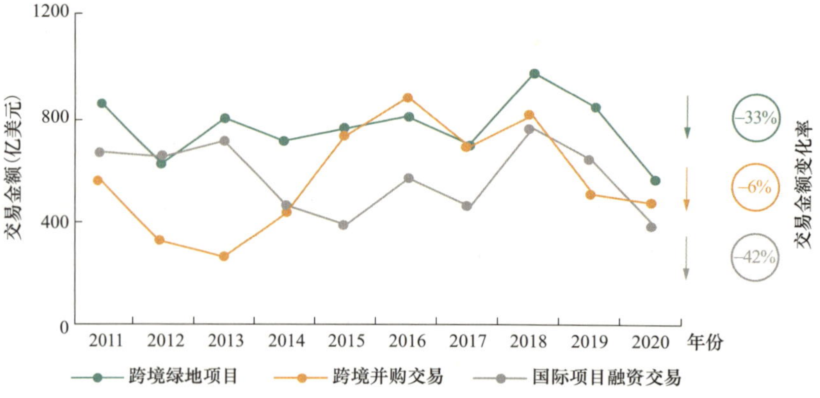

图1-3　2011—2020年全球跨境并购交易金额

资料来源：UNCTAD《世界投资报告2021》。

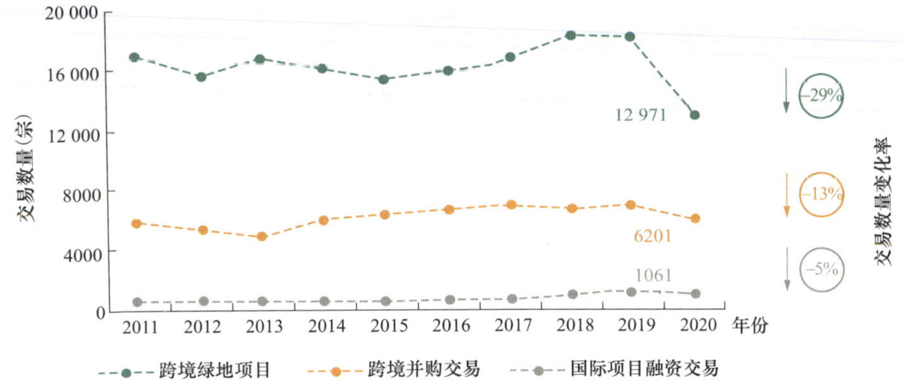

图 1-4　2011—2020 年全球跨境并购交易数量

资料来源：UNCTAD《世界投资报告 2021》。

表 1-2　2019—2020 年全球已公布的不同部门和行业的跨境并购情况

行业/部门	并购金额（亿美元）		增长率	并购数量（宗）		增长率
	2019 年	2020 年		2019 年	2020 年	
总计	**5070**	**4750**	**-6%**	**7118**	**6201**	**-13%**
其中：初级产业	370	250	-31%	433	658	52%
制造业	2430	2280	-6%	1633	1136	-30%
服务业	2270	2210	-3%	5052	4407	-13%
并购金额排名前 10 位的行业						
食品、饮料和烟草	200	860	323%	193	136	-30%
信息与通信	250	800	225%	1312	1248	-5%
制药	980	560	-43%	1860	2110	13%
电子、光学产品和电气设备	211	400	94%	279	165	-41%
公用事业	120	330	165%	190	190	0
电子通信	60	290	372%	84	61	-27%
金融与保险	490	280	-43%	619	562	-9%

续表

行业/部门	并购金额（亿美元）		增长率	并购数量（宗）		增长率
	2019 年	**2020 年**		**2019 年**	**2020 年**	
采掘业	350	240	－31%	354	527	49%
房地产	370	220	－40%	436	327	－25%
贸易	160	180	10%	575	496	－14%

资料来源：UNCTAD《世界投资报告 2021》。

（6）全球公布的跨境绿地项目投资金额减少 33%，项目数量减少 29%。2020 年全球跨境绿地项目投资金额降至 5640 亿美元，为有纪录以来的最低水平。发达经济体的绿地项目对外资的吸引力超过了发展中经济体，因此后者的外国投资绿地项目金额出现下滑。从行业来看，油气等初级产业部门的绿地项目金额减半至 110 亿美元（见表 1－3），占投资总额比例不到 2%。制造业的绿地投资金额也大幅下降 41%。外国投资者对可再生能源发电项目的投资持续超过对化石燃料项目的投资，2020 年可再生能源领域的绿地投资金额仅下降 5%，达 880 亿美元，外国投资金额最高的 10 个能源项目中有 9 个均为可再生能源行业。新冠肺炎疫情抬升了全球对数字化基础设施和服务的需求，因此发生在信息通信技术行业的跨境绿地投资金增加了 22%以上，达 810 亿美元。虽然信息通信行业的投资项目数量减少了 13%，但其中不乏投资金额较大的项目，如西班牙电信公司在德国投资 60 亿美元建设光纤网络、美国亚马逊公司在印度投资 28 亿美元的信息通信基础设施等。制造业的跨境绿地投资金额下降 41%至 2370 亿美元，对正处于工业化时期的发展中经济体带来一定冲击。由于 2020 年初油气等能源资源价格下跌，炼油和焦炭等行业跨境绿地投资金额减半少了三分之一，投资项目数量减半，汽车和化工行业投资项目数量也近乎减半。2020 年半导体领域绿地投资也较为活跃，如台积电宣布在美国投资 120 亿美元建 5nm 的芯片工厂。

表 1-3　2019—2020 年全球已公布的不同部门和行业的跨境绿地投资情况

行业/部门	并购金额（亿美元）		增长率	并购数量（宗）		增长率
	2019 年	2020 年		2019 年	2020 年	
总计	**8460**	**5640**	**－33%**	**18 261**	**12 971**	**－29%**
其中：初级产业	210	110	－47%	151	100	－34%
制造业	4020	2370	－41%	8180	5139	－37%
服务业	4220	3150	－25%	9930	7732	－22%
投资金额排名前 10 位的行业						
能源与天然气供应	1130	990	－13%	560	529	－6%
信息与通信	660	810	22%	3332	2903	－13%
电子与电气设备	530	460	－14%	1201	862	－28%
化学	470	400	－15%	752	442	－41%
建筑	660	350	－47%	437	319	－27%
汽车	620	330	－47%	1022	558	－45%
焦炭和石油	940	300	－69%	109	54	－50%
运输和储存	430	260	－39%	764	627	－18%
贸易	220	230	5%	688	572	－17%
金融与保险	240	190	－19%	1028	715	－30%

资料来源：UNCTAD《世界投资报告 2021》。

1.3 跨国企业榜单分析

UNCTAD 在发布的《世界投资报告 2021》中，公布了 2021 年度全球 100 大非金融跨国企业榜单、发展中国家和转型经济体 100 大非金融跨国企业榜单（分别简称全球 100 大跨国企业、发展中国家 100 大跨国企业）。本报告对这两个榜单进行了相关分析。

1.3.1 全球100大跨国企业榜单情况

（一）榜单总体情况

2021年度全球100大跨国企业榜单[1]入围门槛455亿美元，平均跨国化指数[2]为60.5%（比上年的63.6%略有下降）。上榜前十名企业分别为：丰田汽车（日本）、壳牌石油（英国）、德国电信（德国）、大众汽车（德国）、道达尔石油（法国）、BP石油（英国）、百威英博（比利时）[3]、英美烟草（英国）、戴姆勒汽车（德国）、埃克森美孚石油（美国）。

从发展趋势来看，近十年上榜企业境外资产入围门槛和资产总额保持平稳增长，境外收入和境外员工规模大致呈M形变化趋势，平均跨国化指数呈明显下降态势。2011—2021年[4]，上榜企业境外资产年均增速2.8%，榜单入围门槛从303亿美元稳步增加至455亿美元（见图1-5）。境外收入自2018

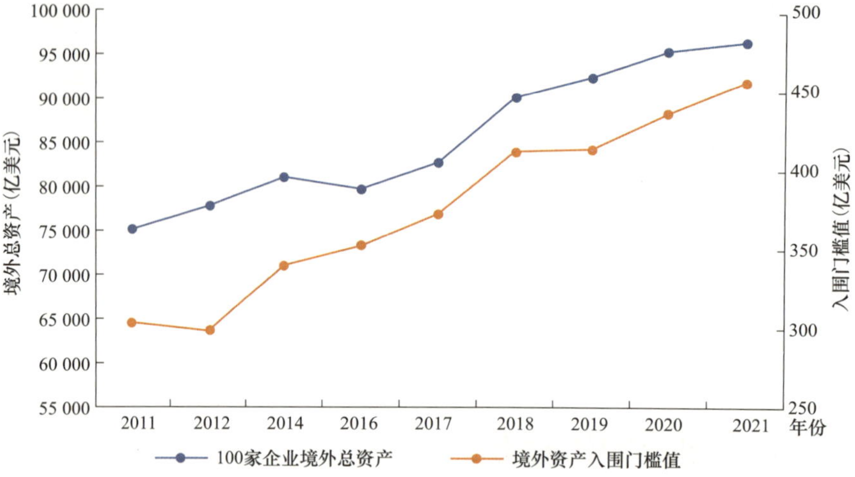

图1-5 2011—2021年全球100大跨国企业境外总资产和入围门槛

[1] 全球100大跨国企业榜单自1992年起连续发布，按照企业上一财年的境外资产规模排名。

[2] 跨国化指数为境外资产占全部资产比重、境外收入占全部收入比重、境外员工占全部员工比重三个指标的算数平均数。该指标主要用于衡量企业国际化水平。

[3] 百威英博为全球大型酿酒（以啤酒为主）制造商，成立于1876年。

[4] 其中2013年、2015年榜单未公开发布。

年以来总体呈上升趋势，但2021年出现下降，主要原因是新冠肺炎疫情导致部分国家经济下行压力加大，企业境外项目营收减少（见图1-6）。平均跨国化指数近年来逐年下降，近三年分别降低1.6、0.9、3.1个百分点，主要原因是逆全球化和保护主义抬头，部分发达国家抬高外国投资壁垒，个别国家投资环境恶化（见图1-7）。

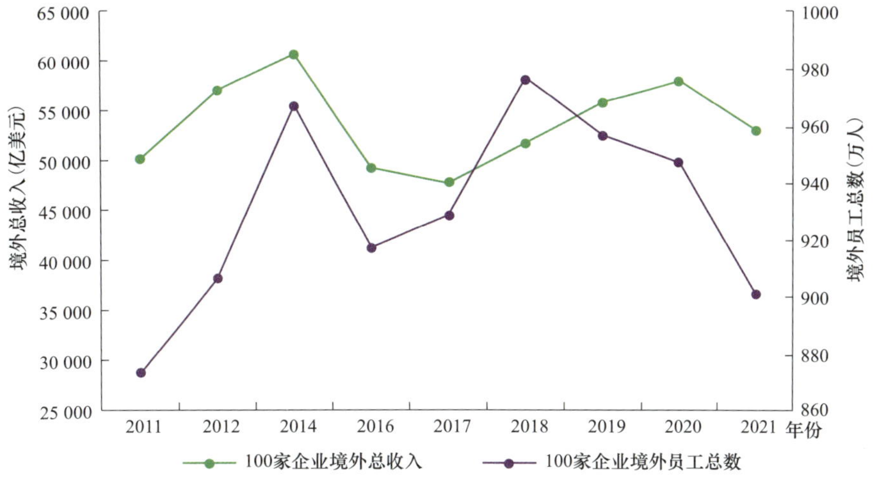

图1-6　2011—2021年全球100大跨国企业境外总收入和境外员工总数

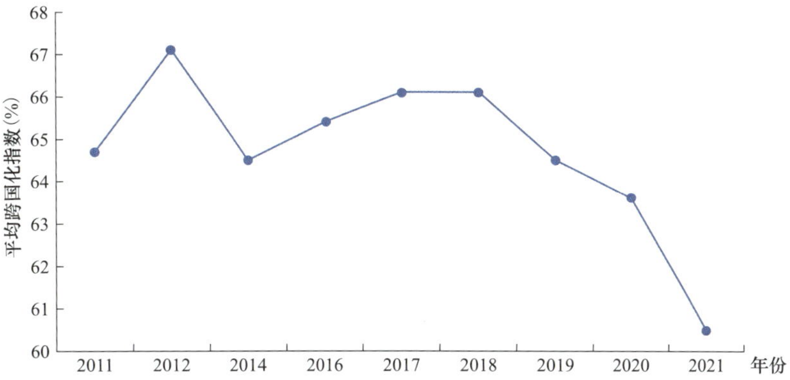

图1-7　2011—2021年全球100大跨国企业平均跨国化指数

从行业分布来看，上榜企业以汽车、制药、采矿、石油、电力等传统行业为主。上述行业的企业数量分别为12家、11家、9家、8家和7家，与近三年的情况基本一致。其中，电力行业上榜企业平均跨国化指数为51%，低于汽车（60%）、制药（73%）、采矿（62%）和石油（55%）等行业。

从国别分布来看，上榜企业的总部绝大部分位于发达国家。其中总部位于美国的企业数量最多，为19家；法国13家，英国12家，德国12家，日本9家。总部位于发展中国家的企业有11家，其中中国大陆10家，沙特阿拉伯1家。

从企业性质来看，上榜的国有企业数量有所增长。本次上榜企业中有20家为国有企业，比上一年度榜单增加4家，其中包括7家中国国有企业。排名前5位的国有企业依次是德国电信、德国大众汽车、法国电力公司、意大利电力公司、中国石油天然气集团。公司境外资产相当于德国电信的17.52%、德国大众汽车的17.63%。

（二）中国企业上榜情况

2021年共有12家中国企业进入全球100大跨国企业榜单，上榜企业分别是长江和记实业有限公司、中国石油天然气集团有限公司、鸿海精密工业股份有限公司、腾讯控股有限公司、中国石油化工集团有限公司、中国远洋海运集团有限公司、中国海洋石油集团有限公司、华为投资控股有限公司、中国中化集团有限公司、中国化工集团有限公司、联想控股股份有限公司和中国国家电网有限公司，见表1-4。

表1-4　　2021年全球100大跨国企业中国上榜企业概况

排名		企业	境外资产（亿美元）	总资产（亿美元）	境外收入（亿美元）	总收入（亿美元）	境外员工（万人）	员工总数（万人）	跨国化指数
按境外资产	按跨国化指数								
14	5	长江和记实业有限公司	1503	1618	311	343	27.9	30	92.1%
18	93	中国石油天然气集团有限公司	1335	6103	1809	3833	13.4	134.4	26.3%

续表

排名		企　业	境外资产（亿美元）	总资产（亿美元）	境外收入（亿美元）	总收入（亿美元）	境外员工（万人）	员工总数（万人）	跨国化指数
按境外资产	按跨国化指数								
24	7	鸿海精密工业股份有限公司	1137	1308	1773	1819	65.9	75.7	90.5%
30	92	腾讯控股有限公司	1041	1633	51	612	0.6	8.6	26.5%
45	98	中国石油化工集团有限公司	829	3187	1378	4292	3.9	58.3	21.6%
47	91	中国远洋海运集团有限公司	814	1264	82	451	0.6	11.8	29.1%
54	83	中国海洋石油集团有限公司	750	1856	663	1099	0.5	9.2	35.3%
55	80	华为投资控股有限公司	738	1341	444	1292	4.5	19.4	37.5%
76	76	中国中化集团有限公司	574	791	111	813	2.3	6.0	41.3%
83	94	中国化工集团有限公司	542	1216	87	665	3.0	14.6	26.1%
88	59	联想控股股份有限公司	494	997	445	608	4.2	8.4	57.5%
100	100	中国国家电网有限公司	455	5988	142	3881	1.5	90.8	4.3%

（三）电力企业上榜情况

2021年共有7家电力企业进入全球100大跨国企业榜单，分别是法国电力公司、意大利国家电力公司、西班牙伊维尔德罗拉公司、法国Engie集团、德国莱茵集团、英国国家电网公司和中国国家电网有限公司，见表1-5。其中唯一上榜的中国电力企业国家电网有限公司境外资产、收入、员工占比分别为7.6%、3.7%、1.7%，与上榜电力企业56.3%、56.5%、39.5%的平均水平仍有差距。

表 1-5　　2021 年全球 100 大跨国企业电力企业上榜情况

排名		企　业	境外资产（亿美元）	总资产（亿美元）	境外收入（亿美元）	总收入（亿美元）	境外员工（万人）	员工总数（万人）	跨国化指数
按境外资产	按跨国化指数								
11	85	法国电力公司	1708	3754	294	787	3.3	16.4	34.3%
16	47	意大利国家电力公司	1413	2006	441	714	3.6	6.7	62.5%
26	38	西班牙伊维尔德罗拉公司	1117	1503	222	378	2.7	3.7	69.0%
69	79	法国 Engie 集团	635	1880	390	636	3.3	17.1	38.3%
77	61	德国莱茵集团	567	757	110	156	4.7	1.9	56.8%
85	45	英国国家电网公司	518	925	121	193	1.6	2.3	63.8%
100	100	中国国家电网有限公司	455	5988	142	3881	1.5	90.8	4.3%

1.3.2　发展中国家 100 大跨国企业榜单情况

2021 年度发展中国家 100 大跨国企业榜单的入选门槛是境外资产 93 亿美元。从入选企业总部所在国家来看，中国企业优势明显，共有 51 家（包括 10 家香港企业和 5 家台湾企业）；韩国企业 13 家，新加坡企业 8 家，墨西哥企业 4 家，马来西亚企业 4 家❶。

2021 年度发展中国家 100 大跨国企业中的中国大陆企业见表 1-6。

表 1-6　　2021 年度发展中国家 100 大跨国企业中的中国大陆企业

排名		企　业	境外资产（亿美元）	总资产（亿美元）	境外收入（亿美元）	总收入（亿美元）	境外员工（万人）	员工总数（万人）	跨国化指数
按境外资产	按跨国化指数								
2	76	中国石油天然气集团有限公司	1335	6103	1809	3833	13.4	134.4	26.3%
4	74	腾讯控股有限公司	955	1370	24	546	0.5	6.3	27.2%

❶ 发展中国家 100 大跨国企业榜单包含韩国、新加坡等国家的跨国企业。

续表

排名 按境外资产	排名 按跨国化指数	企业	境外资产（亿美元）	总资产（亿美元）	境外收入（亿美元）	总收入（亿美元）	境外员工（万人）	员工总数（万人）	跨国化指数
6	80	中国石油化工集团有限公司	829	3187	1378	4292	3.9	58.3	21.6%
7	69	中国远洋海运集团有限公司	814	1264	82	451	0.6	11.8	29.1%
8	67	中国海洋石油集团有限公司	750	1856	663	1099	0.5	9.2	35.3%
9	61	华为投资控股有限公司	678	1233	509	1243	4.5	19.4	39.7%
10	58	中国中化集团有限公司	574	791	111	813	2.3	6.0	41.3%
11	77	中国化工集团有限公司	542	1216	87	665	3.0	14.6	26.1%
13	43	联想控股股份有限公司	463	896	420	567	2.4	8.7	51.2%
15	100	中国国家电网有限公司	455	5988	142	3881	1.5	90.8	4.3%
18	86	中国交通建设集团有限公司	384	2329	215	961	3.7	19.7	19.2%
24	90	中国铝业集团有限公司	315	943	47	522	0.2	15.6	14.5%
27	72	复星国际公司	303	1028	92	204	0.6	5.9	28.1%
29	73	广州越秀集团股份有限公司	286	908	5	85	0.2	0.4	27.9%
31	97	中国建筑集团有限公司	282	2952	151	2081	2.7	33.5	8.3%
33	91	中国五矿集团有限公司	274	1339	144	893	1.2	19.9	14.1%
35	57	浙江吉利控股集团	246	570	228	484	4.5	13.1	41.4%
37	64	中国电力建设集团有限公司	216	1396	160	681	13.5	18.0	37.9%
39	96	中国广核集团有限公司	200	1198	33	263	0.4	15.6	10.5%
43	71	中国兵器工业集团有限公司	187	617	338	695	1.4	20.4	28.6%
44	47	潍柴控股集团有限公司	184	340	110	252	3.9	8.0	48.6%

续表

排名		企业	境外资产（亿美元）	总资产（亿美元）	境外收入（亿美元）	总收入（亿美元）	境外员工（万人）	员工总数（万人）	跨国化指数
按境外资产	按跨国化指数								
45	66	美的集团股份有限公司	178	435	174	409	3.3	13.5	36.0%
48	36	中国长江三峡集团有限公司	170	1204	151	144	1.4	2.4	58.5%
50	48	海尔智家股份有限公司	168	270	144	298	3.3	9.7	48.1%
59	16	海航科技股份有限公司	144	183	380	473	2.5	3.5	76.3%
64	17	洛阳栾川钼业集团股份有限公司	138	168	86	99	0.6	1.1	74.1%
73	88	中国华能集团有限公司	119	285	30	443	0.1	13.1	16.3%
77	42	联想控股股份有限公司	115	304	395	503	2.4	6.3	51.5%
79	95	中粮集团有限公司	115	862	141	729	0.3	11.1	11.8%
82	92	中国能源建设集团有限公司	112	606	59	385	0.8	12.3	13.4%
89	84	兖矿集团有限公司	102	458	139	413	0.3	10.1	19.7%
91	93	北京首都创业集团有限公司	100	515	4	69	0.2	1.5	12.5%
92	94	苏宁控股集团有限公司	98	341	28	394	0.1	11.8	12.4%
93	85	河钢集团有限公司	97	666	172	519	1.3	12.7	19.3%
97	98	中国铁道建筑集团有限公司	95	1553	52	1202	3.8	36.5	7.0%
100	99	中国铁路工程集团有限公司	93	1517	65	1231	0.9	30.2	4.8%

从企业性质来看，发展中国家100大跨国企业共有39家国有企业上榜。其中，中国国有企业29家，主要集中在石油、电力、建筑等行业。

从电力行业来看，本年度有中国国家电网有限公司、中国广核集团有限公司、中国长江三峡集团有限公司等8家电力企业上榜，见表1-7。

表 1-7　　2021 年度发展中国家 100 大跨国企业中的电力企业

排名		企业	境外资产（亿美元）	总资产（亿美元）	境外收入（亿美元）	总收入（亿美元）	境外员工（万人）	员工总数（万人）	跨国化指数
按境外资产	按跨国化指数								
15	100	中国国家电网有限公司	455	5988	142	3881	1.5	90.8	4.3%
39	96	中国广核集团有限公司	200	1198	33	263	0.4	15.6	10.5%
48	36	中国长江三峡集团有限公司	170	1204	151	144	1.4	2.4	58.5%
58	46	中电控股有限公司	145	285	58	109	0.3	0.8	48.6%
61	22	阿联酋阿布扎比国家能源公司	141	266	28	48	0.2	0.2	69.3%
73	88	中国华能集团有限公司	119	285	30	443	0.06	13.1	16.3%
82	92	中国能源建设集团有限公司	112	606	59	385	0.8	12.3	13.4%
88	34	新加坡胜科工业集团	103	173	42	70	0.3	0.5	59.3%

2

世界电力行业投资整体情况分析

2.1 世界电力行业投资概况

2.1.1 投资规模

2020 年全球电力行业总投资额为 8736.07 亿美元，连续第三年下跌，见图 2-1。2020 年全球电力行业总投资额比 2019 年下降 1.67%，连续三年下跌，为 2017 年以来的最低点[1]。不过，尽管全球经济受到新冠肺炎疫情的剧烈冲击，但电力投资额的下降相对不大，体现出较强的韧性。

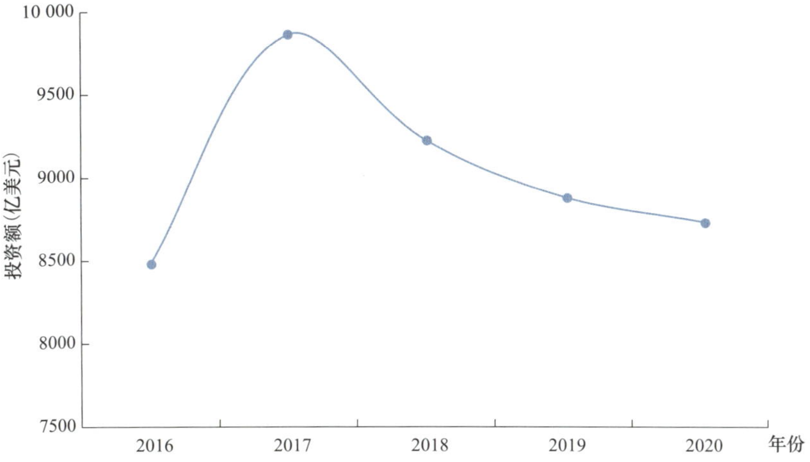

图 2-1　2016—2020 年全球电力行业投资额

资料来源：GlobalData。

2.1.2 投资目的地

2020 年，北美、欧洲、亚洲与大洋洲主要地区是全球电力投资的主要目的地。如图 2-2 所示，北美地区全年电力行业投资额为 3206.12 亿美元，为全球电力行业投资最活跃的地区。欧洲全年投资额为 3007.68 亿美元，略少于北美

[1] GlobalData 数据库对往年数据进行了修正，本报告根据修正后的数据进行对比分析的结果。

地区。亚洲与大洋洲主要地区全年投资额为 1998.19 亿美元，位居第三。北美、非洲与中东的投资额均较少。

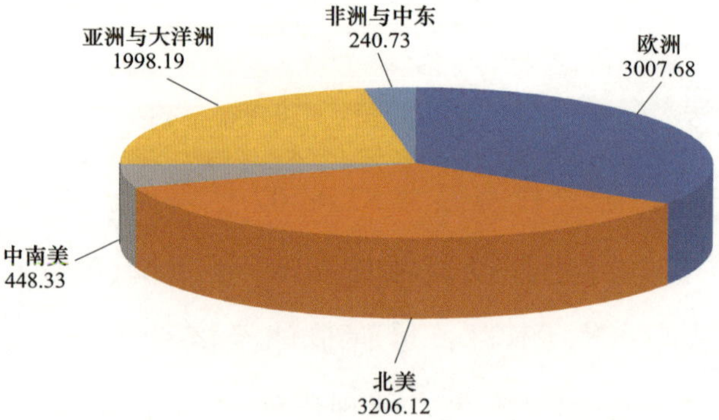

图 2-2　2020 年全球电力行业各主要地区投资额（单位：亿美元）

资料来源：GlobalData。

2.1.3　投资领域

2020 年，全球电力行业交易额较高的领域为输配电、化石燃料发电和水电。如图 2-3 所示，输配电全年交易 1131 宗，交易额与 2019 年基本持平，为

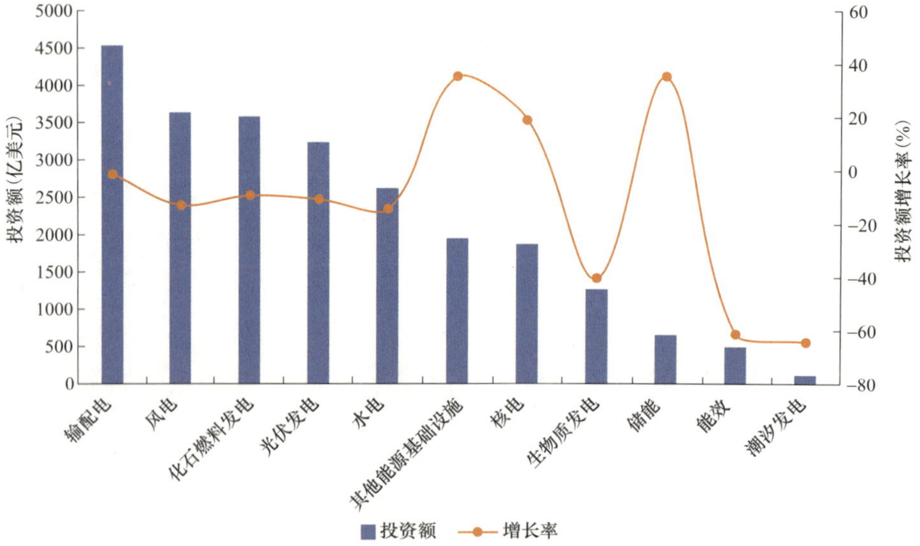

图 2-3　2020 年全球电力行业各领域投资交易额与增长率

资料来源：GlobalData。

4535.07 亿美元。排名第二的风电全年交易 1146 宗，交易额下跌 12.88%，达到 3634.43 亿美元。化石燃料发电和光伏发电的交易额分别为 3579.99 亿美元和 3235.79 亿美元，跌幅为 9.38%和 10.76%。水电交易额为 2621.45 亿美元，下跌 14.63%。储能和其他能源基础设施投资额逆趋势大幅上扬，分别上涨 35.06%和 35.16%，达到 661.67 亿美元和 1954.01 亿美元。核电投资额也出现上涨，达到 1878.45 亿美元，上涨了 19.5%。

2.1.4 投资模式

2020 年，债务融资、资产交易和并购仍是全球电力行业投资的主要模式。如图 2-4 所示，债务融资、资产交易[1]和并购仍是全球电力行业投资的主要模式。在疫情导致企业债务压力普遍加大的情况下，债务融资规模达到新高，全年交易 734 宗，交易额为 3651.31 亿美元。资产交易额则跌至 2016 年以来的新低，全年交易 1475 宗，交易额仅为 2117.59 亿美元。并购交易规模出现回升，全年交易 802 宗，交易额为 1373.72 亿美元。其他主要的交易模式有股权融资

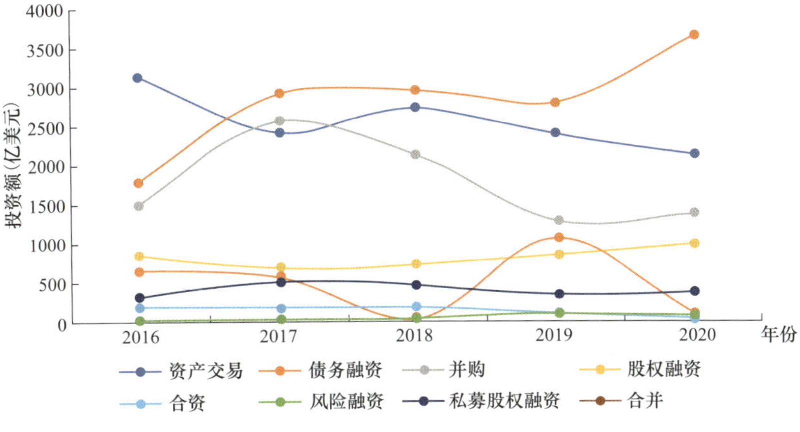

图 2-4　2016—2020 年全球电力行业各类投资交易额

资料来源：GlobalData。

[1] 资产交易含绿地投资和存量资产交易，不含企业股权交易。

（988.8 亿美元）、私募股权融资[1]（371.46 亿美元）与合并（114.83 亿美元）。

2.2 世界电力行业发展总体趋势

（1）新冠肺炎疫情和极端天气因素使得 2020 年全球电力需求小幅下降，中国是 2020 年唯一一个电力需求保持增长的主要经济体。根据国际能源署于 2021 年 7 月发布的《2020 年电力市场报告》，2020 年全球电力需求下降约 1%，是自 20 世纪中叶以来最大的年度降幅，远大于全球金融危机后的跌幅。其中部分原因是新冠肺炎疫情抑制了全球经济活动，部分原因是北美和欧洲国家 2020 年气温变化导致电力消费减少，如美国和法国因冬季较以往更暖和而减少了供暖用电需求，意大利和法国因夏季气温较以往略低而减少了制冷用电需求。中国由于率先有效控制了疫情，快速实现复工复产拉动了电力需求，2020 年电力需求增长 4%。

（2）预计全球电力需求自 2021 年开始恢复增长态势，到 2030 年前新兴市场和发展中经济体电力需求增长较发达经济体更快。根据 IEA《世界能源展望 2020》报告，在当前既定的政策情景下，新兴市场和发展中经济体由于人口快速增长和后疫情时代经济反弹，2021 年电力需求将超过 2019 年水平，但由于全球宏观经济复苏势头疲软，未来电力需求增长也存在不确定性。IEA 预计美国电力需求将在 2021 年反弹，2022 年到 2030 年间年均增速 0.5%，交通等领域的电气化将推动其电力需求增长。欧盟电力需求将于 2023 年恢复至疫情前水平，在《欧洲绿色协议》实施的背景下，电动汽车、交通运输的电气化和电解氢工业的发展，将推动 2030 年前欧洲电力需求的大幅增长。

（3）未来十年内全球可再生能源发电和核电装机将保持强力增长，煤炭发电装机持续下降，到 2030 年可再生能源发电和核能发电量占全球比重将近一

---

[1] 此处股权融资指以发行上市股份方式融资，私募股权融资指以发行非上市股份方式融资。

半。在能源清洁低碳转型和技术持续进步的推动下，全球电力供应将进一步向清洁化方向发展。IEA 预计，未来十年内全球新增发电项目主要来自太阳能光伏发电和风电项目，其装机容量 2021 年将恢复至疫情之前水平，之后将保持快速增长，其中光伏发电增长速度最快。从发电量来看，到 2025 年可再生能源发电量将超过煤电发电量，全球约有 166 个国家已制定了可再生能源发电目标，其中太阳能光伏发电和风电在成本下降和政策支持因素下，发电量增长最快。2021 年 11 月 13 日，COP26 达成了《格拉斯哥气候公约》，提出逐步减少煤炭使用，未来煤电装机也将减少。

（4）未来十年全球电力行业投资将占能源供应投资总额近 40%，其中主要是可再生能源发电和核电、电网投资等。根据 IEA 发布的《世界能源投资 2021》报告，预计 2021 年全球电力行业投资将反弹增长约 5%，超过 8200 亿美元，仍占据全球能源供应投资总额的最大比重。到 2030 年，电力行业总投资将增至 9800 亿美元，对比 2019 年增长 30%，到 2040 年将增长 22%至 1.2 万亿美元，其中可再生能源发电和核电投资到 2030 年将超过 4200 亿美元。到 2030 年，太阳能光伏发电和风电年均投资总额约 2400 亿美元，核电年均投资额约 500 亿美元，其余投资主要来自燃气发电、不采用 CCUS 技术的燃煤发电和电池储能等领域。

预测未来电力需求增长、可再生能源发电增长和电网智能化发展前景将催生全球电网规模的迅猛扩张和投资需求的大幅增长。发达经济体以对现有电网进行更新扩容和数字化升级改造为主，发展中经济体则以新建输电线路为主。多国政府宣布了旨在增加电网密度、对现有电力线路进行翻新和数字化改造的措施。如美国于 2020 年 7 月提出的 1.5 万亿美元的基建计划中，有 700 多亿美元用于电网现代化和扩展电网基础设施；欧盟于 2020 年 5 月提出近 2 万亿美元的疫情应对支出计划，其中包括建设智能化数字化基础设施，推动实现 2050 年温室气体净零排放目标等。

3

中国电力企业对外投资最新进展

3.1 中国电力企业对外投资整体情况

中国电力企业积极克服新冠肺炎疫情对国际市场的影响，防范化解各类风险，进一步融入全球产业链价值链，境外投资逆势增长，在服务构建国内国际双循环相互促进的新发展格局中发挥了重大作用。根据中国电力国际产能合作企业联盟统计，2020年，中国主要电力企业对外直接投资项目共32个，投资总金额为78.5亿美元，同比上升84.3%。中国企业联合会、中国企业家协会联合发布的《2021中国跨国公司100大及跨国指数》显示，在上榜的中央电力企业中，跨国指数[1]排名第一的是中国电建，其次是中广核；上榜的民营电力企业有协鑫集团和金风科技，见表3-1。

表3-1　2020年中国主要电力企业跨国指数

公司名称	海外资产（亿元）	海外收入（亿元）	海外员工（人）	跨国指数
国家电网有限公司	3104	768	16 168	3.86%
中国电力建设集团有限公司	1514	959	37 957	17.67%
中国广核集团有限公司	1346	204	3605	14.59%
中国华能集团有限公司	935	180	561	4.68%
国家电力投资集团有限公司	931	105	1775	4.08%
中国能源建设集团有限公司	806	321	8365	11.88%
中国华电集团有限公司	568	75	2042	3.92%
中国南方电网有限责任公司	397	49	1082	1.72%
协鑫集团有限公司	224	51	569	6.69%

[1] 跨国指数=（海外营业收入/营业收入总额+海外资产/资产总额+海外员工/员工总数）/3×100%。

续表

公 司 名 称	海外资产（亿元）	海外收入（亿元）	海外员工（人）	跨国指数
中国大唐集团有限公司	216	15	700	1.40%
新疆金风科技股份有限公司	181	50	516	10.17%

资料来源：中国企业联合会、中国企业家协会联合发布的《2021 中国跨国公司 100 大及跨国指数》。

从投资区域来看，2020 年中国电力企业在亚洲和南美洲的交易较为活跃。主要集中在老挝、哈萨克斯坦、巴西、秘鲁、智利等国家。由于美国对华竞争态势加剧、欧洲国家投资壁垒抬升，2020 年中国电力企业在美国及欧洲地区投资非常谨慎。拉丁美洲及亚洲地区的新兴经济体投资建设需求旺盛，能源转型加速推进，在“一带一路”倡议的推动下与中国电力企业的合作愈加紧密。

从投资领域来看，2020 年中国电力企业对外投资涉及输变电、火电、新能源发电、水电、矿产资源及储能等领域。从投资金额看，输变电投资金额最大，共计 41.9 亿美元，占比约为 53.3%，其次为火电投资（21.4 亿美元）、新能源发电投资（4.5 亿美元）、矿产资源领域投资（6.2 亿美元）、水电投资（3.0 亿美元）、交通基础设施投资（1.0 亿美元）、储能投资（0.4 亿美元）。从投资项目数量上看，新能源发电和火电领域仍是对外投资项目数量最多的领域，各 9 宗，占比均为 28.1%。[1]

3.2 部分电力中央企业对外投资情况

（一）国家电网有限公司

（1）跨国投资整体情况。

2008 年以来，国家电网有限公司（简称国家电网）已投资运营菲律宾、巴西、葡萄牙、澳大利亚、意大利、中国香港、希腊、阿曼、智利 9 个国家和地

[1] 数据来源：中国电力国际产能合作企业联盟发布的《中国电力行业年度发展报告》。

区的骨干能源网，业务布局实现了从发展中国家向发达国家的延伸。截至2020年年底，国家电网管理境外资产总额650亿美元，所有投资项目运营平稳，全部盈利。

近年来，国家电网的境外投资和业务布局进一步优化：成功收购巴西CPFL公司股权，并在境外完成首次大型股份公开发行；以小股比参股形式，收购希腊国家电网公司24%股权、阿曼国家输电公司49%股权、智利切昆塔集团公司100%股权、智利CGE公司97.145%股权。

国家电网大力推动国际电力产能合作，通过开展绿地投资促进与“一带一路”沿线国家共建共赢。大型投建营一体化项目巴西美丽山特高压输电一期和二期特许权项目提前高质量建成投运，成为“一带一路”建设的典范和亮丽的名片。作为中巴经济走廊重点项目的巴基斯坦默拉直流输电工程全线贯通。巴西特里斯皮尔斯输电特许权二期项目提前29个月建成投运，在当地树立了大型基建项目的标杆。

（2）跨国投资最新进展。

2021年7月，国家电网成功完成智利Compania General de Electricidad（CGE）电力公司股权交割和运营接管。本次交易采用要约收购方式进行，共收购CGE公司97.145%股权，包括西班牙能源公司Naturgy持有的96.04%股权和市场流通的约1.105%股权。该项目是2020年国家电网收购智利切昆塔集团公司以来又一大重要投资项目。

卖方Naturgy公司总部位于西班牙马德里，在全球拥有约1600万客户，业务覆盖欧洲和中南美洲共计20多个国家。目前，Naturgy公司正积极向清洁能源领域转型。为落实这一发展战略，Naturgy公司进行了多轮资产转换，出售了部分原有资产，并投资可再生能源。

CGE是Naturgy公司此次出售的位于智利的资产。CGE公司主要从事发电和输电业务，是智利国内最大的电力公司之一，其市场份额约占智利国内整体份额的40%左右，在智利11个地区拥有配电特许权。CGE收购完成之后，国家电网将拥有智利四大电力分销商中的两家，服务智利全国约57%的消费者。智利是南美洲信用评级最高的国家，主权信用评级为A+，是“一带一路”沿线投资环境较好的国家。

（二）中国长江三峡集团有限公司

（1）跨国投资整体情况。

中国长江三峡集团有限公司（简称三峡集团）在全球39个国家和地区开展境外清洁能源投资、配售电和工程承包业务，跨国指数高达58.5%。三峡集团将新能源业务作为第二主业，特别是将海上风电作为新能源的核心业务。三峡集团提出了“面向沿海、辐射全球，集中规模连片开发海上风电，打造中国海上风电发展引领者”的战略目标。2016年6月，三峡集团成功中标德国海上风电项目80%股权，成为我国第一家控股已投运境外海上风电项目的企业。三峡集团海外投资项目多次获得国家级奖项，德国梅尔海上风电股权收购项目和杜克能源巴西电力公司股权并购项目等荣获国家优质投资项目奖。

（2）跨国投资最新进展。

2021年2月23日，中国三峡（欧洲）与西班牙马萨维公司（Corporacion Masaveu SA）达成协议，以5亿欧元（约合6.08亿美元）的价格购买超过400MW的可再生能源资产组合，该组合包含一个太阳能光伏发电园区以及11个风电场。卖方股东除了马萨维公司以外，还包括比利时科鲁伊特集团Korys Group、资产管理公司Exus Management Partners以及葡萄牙少数股权投资者。

三峡集团在国内面临巨大竞争，随着传统五大发电集团陆续发力清洁能源市场，不仅四川、云南等省份的水电资源被相继瓜分，光伏发电和风电项目更是在国家出台鼓励政策的背景下，竞争激烈。因此三峡集团面临企业后续发展和持续性发展的问题。“一带一路”倡议为三峡集团提供了宝贵的国际投资战略机遇。

三峡集团作为中国最大的清洁能源运营商之一，积极布局海外市场。尤其是在能源低碳转型成为全球大趋势以来，三峡集团在大型水电开发与运营之外，把新能源业务打造成为集团第二主业，并努力寻求在风电、光伏发电领域形成领先优势。

（三）国家电力投资集团有限公司

（1）跨国投资整体情况。

国家电力投资集团有限公司（简称国家电投）是我国五大发电集团之一，是全球最大的光伏发电企业，2021年在世界500强企业中位列第293位。国家电投跨国指数为4.08%，业务范围覆盖46个国家和地区，其中“一带一路”沿线国家37个，境外装机容量664.8万kW，其中清洁能源装机占比高达73%。

截至2020年年底，国家电投已成为在智利投资的最大中资企业之一、澳大利亚第二大风力发电企业、巴西第九大独立发电商，成功进入马耳他、日本等发达国家市场，拥有缅甸2160万kW水电开发权，已在巴基斯坦、土耳其、越南等发展潜力大的国家开发大型高效清洁燃煤电站，持续保持三大国际评级机构较高信用评级。

（2）跨国投资最新进展。

2020年8月10日，国家电投巴西子公司收购Gas Natural Acu（GNA）公司两家发电厂（GNA Ⅰ、GNA Ⅱ）33%的股权。这两家发电厂是在拉丁美洲以液化天然气为燃料的最大电力项目。国家电投将按照协议参与GNA项目的股权融资，并与西门子股份公司、PRUMO公司共同开展项目设计、建设和运营管理合作。对提高当地电网运营管理水平，提升Gas Natural Acu公司价值起到重要作用。

GNA项目位于巴西里约热内卢州的阿苏港，燃气电站总装机容量预计640万kW，计划分四期开发。其中，GNA Ⅰ和GNA Ⅱ分别预计于2021年和2023年启动，预计将共有3GW的装机容量，可为多达1400万个家庭提供能源。根据签署的《关于投资、开发、建设和运营GNA燃气电站的合作意向协议》，国家电投巴西子公司也将参与三期和四期（GNA Ⅲ和 GNA Ⅳ）电厂项目的扩建。

国家电投自 2016 年进入巴西能源市场，截至此次协议签订之前，国家电投巴西子公司在巴西的总装机容量达 176.8 万 kW，共有一座水电站（圣西芒，171 万 kW），两座风电场（米莱尼和万托斯，5.82 万 kW），三个风电绿地项目（法罗尔、安祖尔、宝西卡，16.8 万 kW）和一个光伏项目（圣西芒，46MW）。此次股权投资是依照巴西《2020—2030 能源发展规划》总体要求，按照金砖五国能源部长会议达成的重要共识，推动巴西清洁能源发展的一次重要合作。

3.3 中国电力企业对外投资面临的主要挑战

3.3.1 境外合规风险

（一）东道国外资安全审查

当前，一些东道国政府对外资的安全审查规定日趋严格，尤其是涉及能源电力等战略性和敏感性行业的外资审查呈收紧趋势，触发审查的投资门槛不断下调。

国家安全审查一直是美国、欧盟、澳大利亚等世界主要经济体对外国投资者的审查重点。这些审查很多时候具有明显的行业歧视、国别歧视和所有权歧视等特点。如美国外国投资委员会（the Committee on Foreign Investment in the United States，CFIUS）重点关注与国防、重要基础设施、核心技术、能源和关键资源相关的交易以及可能被外国政府控制的交易，有权否决外国投资者在美国进行的并购交易，必要时将可能影响国家安全的并购交易提请总统做最终决定。欧盟通过颁布《外资审查条例》等推动欧盟成员国进一步强化本国审查机制，特别是与外国国有企业相关的审查机制。如法国、西班牙等在这之后都对本国的外国投资审查进行了严格修订。表 3-2 列出了 2020 年以来部分国家（地区）出台的针对外国投资贸易的限制措施。

表 3-2　2020 年以来部分国家（地区）采取的投资贸易限制措施

时　间	国家（地区）	出台的政策内容
2020 年 3 月 18 日	西班牙	要求非欧盟企业投资战略性行业需事前批准
2020 年 3 月 25 日	欧　盟	发布指南要求加强全欧盟范围外资审查，保护欧盟企业特别是健康、医学和基础设施等领域的安全
2020 年 3 月 27 日	德　国	设立 1000 亿欧元稳定基金救助企业并避免不必要并购
2020 年 3 月 29 日	澳大利亚	临时修改外国投资审查框架，审查所有外国投资
2020 年 4 月底	法　国	非欧洲投资者收购法国企业，需进行审查的外资持股比例由 25% 下调至 10%
2020 年 4 月 4 日	意大利	扩大黄金权力法应用范围，加强对战略性企业收购的干预
2020 年 4 月 19 日	加拿大	加强与加拿大公共卫生相关或涉及向加拿大提供关键商品与服务的外国投资的审查，加强对外国国企投资的审查
2020 年 4 月 26 日	印　度	要求所有陆上邻国对印度进行的投资必须事先经政府审批
2020 年 5 月 8 日	日　本	收购日本国防、核能、航空航天、公用事业、天然气、网络安全、电信等 12 个行业企业 1%及以上股份需提前报告
2020 年 5 月 9 日	美　国	发布总统行政命令禁止美国购买对国家安全造成风险的海外电力设备，并授权能源部长甄别相关实体和采取适当行动
2020 年 6 月 5 日	澳大利亚	发布外商投资审查制度改革方案，外国投资者对能源等敏感行业资产的所有收购均需审批，且财长拥有“最终审查权”
2020 年 7 月 3 日	印　度	电力部发布新规，对用于供电系统和用于直接或间接与供电系统相关活动的进口电力设备采取更严格的检测措施
2020 年 9 月 15 日	美　国	CFIUS 发布了关键技术企业强制性申报要求的最终规则，于 10 月 15 日生效，适用于完成日期在 10 月 15 日之后并在 CFIUS 管辖范围内的交易
2020 年 11 月 11 日	英　国	英国首相鲍里斯·约翰逊宣布了英国近 20 年来修改最大的收购法《国家安全和投资法案》，以防止外国公司随意收购英国的敏感行业资产。英国政府表示，新法案将赋予政府调查和干预可能威胁英国国家安全的潜在敌对外国直接投资的权力
2020 年 12 月 18 日	美　国	总统特朗普签署了《外国公司问责法案》。该法案主要包含两点：如果外国公司连续三年未能通过美国公众公司会计监督委员会（PCAOB）的审计，将被禁止在美国任何交易所上市；上市公司需披露自己与其他国家政府的关系

续表

时 间	国家（地区）	出台的政策内容
2021年4月11日	越 南	首次公布了《限制外商投资产业目录》。根据该目录，禁止外商投资产业共25个，限制外商投资产业共59个。越南明确禁止外商投资产业有国家垄断经营的贸易领域；各种形式的媒体和信息收集；水产捕捞或开发；安全调查服务、司法鉴定、财产评估、公证等各类司法服务；暂时进出口货物等
2021年8月	英国	宣布新修订的《国家安全与投资法》将于2022年1月4日全面实施，规定政府将能够对任何人（包括企业和投资者）进行的可能危害国家安全的某些收购行为进行审查和干预，授予政府5年的追溯权（2020年11月11日之前发生的收购除外），确定了17个特定敏感领域，在这些领域进行收购的投资者可能需要获利政府批准才能完成收购

资料来源：根据公开资料整理。

（二）东道国外资反垄断审查

能源电力行业的中国国有企业开展对外并购时更易遭受国外更加严格的反垄断审查，如在欧盟市场开展并购时面临“经营者集中”带来的申报审查、在后续运营过程中由此带来的法律风险和经济损失，以及欧盟“第三能源包”法案的限制。

相较于他国国有企业，中国国有企业在欧盟市场开展并购时常常面临更严苛的外资并购审查要求。因为欧盟委员会不认为中国国有企业（特别是能源电力企业）是“单一经济体”，不认为其具有独立决策权，而倾向于将作为投资方的该国有企业，与同行业的其他中国国有企业放在一起作为一个整体，对所有这些企业的营业额进行审查，使得并购交易要经过东道国政府和欧盟委员会的双重审查。即使通过了投资审批，但在后续的运营过程中，由于被作为非“单一经济体”会影响到欧盟对其竞争行为的判定标准和罚款计算的标准，也将面临较大的法律风险和可能的经济损失。但对于德国、法国等国家的国有企业，欧盟委员会一般认为其具有独立决策权，属于“单一经济体”，不会面临上述投资审批风险和运营中的相关风险。

中国企业在欧盟市场开展电力和天然气等能源行业的投资还受到“第三能源包”法案的限制。欧盟的“第三能源包”法案，是欧盟于2009年开展第三次能源市场自由化改革时通过的法案，体现了欧盟在电力和天然气行业的反垄断思想。根据该法案，电力行业和天然气行业上下游的所有权需要进行拆分。以电力行业为例，其要求之一是输电资产和发电、售电资产的所有权或运营权必须拆分，以避免上下游一体化，垄断阻碍竞争。如果之前我国不同的电力国有企业已经分别持有同一个欧盟成员国内的发电资产和输电资产股份，一旦国有企业再对这些资产发起新的并购交易，若发电和输电资产同时达到了控制权的标准，就可能触发国有企业在欧盟范围内的所有发电和输电类投资均违反了“第三能源包”法案的法律规定。

（三）境外环保、劳工、税务、国际制裁和长臂管辖等相关风险

境外电力投资项目往往投资规模大、周期长，东道国在环境保护、劳工关系、税务、安全生产等方面的法律规定，东道国、第三国乃至国际组织的反腐败、知识产权、出口管制等法令，都可能引发电力投资企业的合规风险。

当前全球气候环境问题日益突出，国际社会普遍重视生态环境保护，提倡可持续发展理念，多个国家和地区制定了日趋严格的环保法规，很多环保组织也不断强调环保理念和诉求。无论是境外并购还是绿地投资，项目的开展和经营都需要雇佣外国员工，不可避免地会涉及东道国劳动相关法律制度。在疫情加大财政压力的背景下，一些国家推进税制改革，加强税收征管，具有反避税发展趋势的国际税收规则改革也在2021年获得重大进展，经济合作与发展组织宣布已经有130多个国家就企业所得税最低税率（15%）制度和其他打击逃避税相关的改革协议达成一致，七国集团（G7）和二十国集团（G20）领导人也对此达成共识，未来企业海外投资经营的纳税活动乃至区域布局将受到影响。此外，企业还需防止触发东道国

和其他相关国家的反腐败、知识产权、出口管制等法律法规（如美国对发生在本国以外的企业行为行使“长臂管辖”）、境外项目建设和安全生产环节涉及的法律法规等引发的合规风险。

3.3.2 竞争中性原则的相关规制

竞争中性（competitive neutrality，也被译为竞争中立）原则在国际上的代表性模式主要有经济合作与发展组织（Organization for Economic Co-operation and Development，OECD）模式、美国化模式和欧盟模式，分别代表 OECD、美国和欧盟相关的思想主张。尽管不同模式下竞争中性的具体内容不完全相同，但其实质都是要求保证国有企业和私营企业在公平的市场环境中竞争，消除因企业的公有制性质所造成的资源配置扭曲，提高竞争效益。尽管目前竞争中性在国际经贸领域尚未形成全面统一的硬规则，但已成为不少新缔结的区域经贸协定中的重要内容，引领了未来多边贸易体制发展的新方向与新趋势。其中一个典型代表就是 CPTPP 中体现的竞争中性原则。

CPTPP 是已经缔结的新一代国际经贸协定中自由水平最高、涵盖领域最广的区域自贸协定，与传统的国际经贸规则相比，CPTPP 对缔约国的约束内容从边境外（如传统的贸易和外国投资壁垒规定）延伸至边境内（如缔约国的国内经济管理制度）。CPTPP 几乎全面继承了其前身 TPP 中与竞争中性有关的规制，针对国有企业专门设置了专门章节，即第 17 章国有企业和指定垄断，提出非商业援助、透明度、非歧视待遇和商业考虑等相关规则，体现了美国主导的竞争中性思想。

尽管 CPTPP 中与国有企业竞争中性相关的条款相当严格，但与中国坚定不移推进改革、破除制约经济循环的制度障碍，持续深化商品和要素流动型开放，稳步拓展规则、规制、管理、标准等制度型开放的长远目标和方向是一致的。中国已经在 2021 年 9 月正式申请加入 CPTPP，体现了同高标准国际经贸规则对接、通过推动制度型开放深化改革、建设更高水平开放型经济新体制、加快完善社会主义市场经济体制的诚意和决心，也意味着国内将针对持续扩大开放和深化改革作出新的制度性安排。短期内，包括电力行业在内的国有企业在“走出去”过程中，也必然会面临更多与竞争中性相关的规制所带来的冲击。

4

国外电力企业跨国投资最新进展

4.1 部分欧洲电力企业

欧洲电力企业在2020年至2021年上半年间参与的跨国投资主要集中在欧洲和拉丁美洲。投资领域主要集中在风电、太阳能发电、储能以及电力服务等。欧洲电力企业的海外资产占比远高于其他国家，根据UNCTAD的统计数据，2020年，有6家欧洲电力企业（Enel、Iberdrola、EDF、Engie、RWE、National Grid）进入全球100大非金融跨国企业榜单，其中Enel、Iberdrola、National Grid的跨国指数均超过60%，见表4-1。

表4-1 2020年全球100大跨国企业欧洲上榜电力企业概况

公司名称	海外资产（亿美元）	占比	海外收入（亿美元）	占比	海外员工（万人）	占比	跨国指数
Enel	1413.4	70.5%	440.86	61.7%	3.69	55.3%	62.5%
Iberdrola	1117.0	74.3%	221.5	58.6%	2.75	74.2%	69.0%
EDF	1708.0	45.5%	293.6	37.3%	3.32	20.2%	34.3%
Engie	634.5	33.76%	389.7	61.3%	3.39	19.81%	38.3%
RWE	567.23	75.0%	110.6	70.9%	0.48	19.5%	56.8%
National Grid	517.62	55.96%	121.4	62.9%	1.67	72.6%	63.8%

数据来源：UNCTAD。

（一）意大利Enel

意大利Enel是一家综合利用水力、风能、核能、地热能、太阳能和其他可再生能源发电的电力公司。Enel在欧洲、北美、拉丁美洲、非洲、亚洲和大洋洲都有业务。截至2020年年底，其海外资产规模达到1413.4亿美元，占总资产的70.5%。受全球新冠肺炎疫情影响，2020年至2021年上半年Enel的海外投资数量和投资金额相较前两年同期有所减少。

Enel的跨国投资目的地主要为西班牙、俄罗斯、美国、智利、秘鲁等国。Enel最主要的跨国投资目的地是西班牙，在近两年参与的22宗海外投资交易中，有11宗交易在西班牙，见表4-2。例如：2020年6月以1682万美元投资建设西班牙14.4MW风力发电项目；2021年3月从Arena Power收购西班牙11个光伏发电站；2021年3月以1.5亿美元投资西班牙光伏发电项目。除西班牙外，Enel也对俄罗斯、美国等发达国家进行投资。例如：2021年4月投资1.59亿美元用于建设俄罗斯Azovskaya风电项目，总装机容量为90MW；2020年6月以2.81亿美元投资扩建美国Cimarron Bend风电项目。此外，Enel同时深耕秘鲁、智利、巴拿马等新兴市场，并以在这些国家的子公司为平台开展投资。例如：2021年3月以9530万美元投资秘鲁太阳能项目，2020年11月以1.3亿美元投资智利Antofagasta Sol de Lila光伏发电项目，同月以5000万美元投资巴拿马奇里基Esperanza太阳能发电站。

Enel的主要投资领域为新能源发电，风电和太阳能发电各占一半。在近两年参与的22宗海外投资交易中，有9宗风电项目和9宗太阳能发电项目。除了发电领域的投资外，Enel还积极与其他能源相关业务类型的公司开展合作，例如：2021年1月收购了一家智能家居平台Viva Labs 60%的股权；2020年1月，与Infracapital（GC）成立合资公司，为新公司提供约200个分布式光伏发电、热电联产、三联产和能源效率项目。

表4-2　　2020年至今Enel跨国投资案例

时间	投资方	投资情况	金额
2021年4月	Enel Russia	投资建设俄罗斯90MW Azovskaya风力发电项目	1.59亿美元
2021年3月	Enel Green Power Peru	投资建设秘鲁116.45MW Central Solar Clemesi太阳能项目	9530万美元
2021年3月	Enel Green Power Espana	从Arena Power收购西班牙11个光伏发电站	—
2021年3月	Endesa	投资4个西班牙光伏电站，总装机容量为180MW	15 000万美元
2021年1月	Enel	收购60%智能家居平台Viva Labs的股权	—

续表

时间	投资方	投资情况	金额
2020年12月	Enel Green Power Espana	投资西班牙La Vega一期和二期光伏电站，总装机容量为86MW	7300万美元
2020年12月	Enel	公开招标收购Enel Americas 10%的股权	14.4亿美元
2020年11月	Enel Green Power Chile	投资智利Antofagasta Sol de Lila光伏发电项目	13 000万美元
2020年11月	Enel Green Power Panama	投资巴拿马奇里基Esperanza太阳能发电站	5000万美元
2020年10月	Enel Green Power Chile	投资智利Antofagasta光伏电站	16 400万美元
2020年9月	Endesa	投资西班牙Canaseca的风力发电场	2600万美元
2020年8月	Enel	收购Enel Americas 2.7%的股权	32 400万美元
2020年8月	Enel Green Power	投资西班牙风力发电场	6710万美元
2020年7月	Enel Green Power Espana	投资西班牙Dehesa de Mallen风力发电项目	540万美元
2020年7月	Enel Green Power	投资西班牙San Francisco de Borja风力发电项目	2930万美元
2020年6月	Enel Green Power Chile	投资智利的Las Vinas和Puelche风电项目	17 700万美元
2020年6月	Enel Green Power	扩建美国Cimarron Bend风电项目	28 100万美元
2020年6月	Enel Green Power Espana SLU	投资建设西班牙14.4MW风力发电项目	1682万美元
2020年5月	Endesa（Enel SpA子公司）	投资建设西班牙22MW太阳能发电项目	1944万美元
2020年4月	Enel Green Power Espana	投资建设西班牙21.3MW风力发电项目	2171万美元
2020年4月	Enel Green Power Espana	投资建设西班牙50MW太阳能光伏发电项目	3051万美元
2020年1月	Enel Group和Infracapital（GC）	成立合资公司，扩张分布式能源和能源效率业务	—

数据来源：GlobalData。

（二）西班牙 Iberdrola

西班牙伊维尔德罗拉（Iberdrola）公司在顺应全球能源绿色转型过程中，在可再生能源发电、智能电网、大规模储能和数字化转型等领域开展了大量跨国投资。Iberdrola 资产遍布欧洲、北美、南美等地区的 40 多个国家。截至 2020 年年底，其海外资产规模达到 1117 亿美元，占总资产的 74.3%。

Iberdrola 持续优化全球资产布局，在英国、法国、澳大利亚、巴西等国进行了投资。例如：2021 年 2 月，收购 DP 能源公司在爱尔兰的 3 个海上风电项目多数股权，项目总装机容量为 3000MW；2020 年 1 月，投资 3.23 亿美元建设巴西 12 个共 370.8MW 风力发电项目；2020 年 1 月，Iberdrola 和 DP Energy Ireland 开发和建设澳大利亚 320MW 风能发电和太阳能发电混合项目；2020 年 3 月，收购法国海上风电开发商 Ailes Marines 30%股权，见表 4 - 3。

表 4 - 3　　2020 年至今 Iberdrola 跨国投资案例

时间	投资方	投资情况	金额
2021 年 3 月	Iberdrola	收购塞浦路斯 CEE Equity Partners 三个陆上风电场	—
2021 年 2 月	Iberdrola	收购 DP 能源公司在爱尔兰的 3 个海上风电项目多数股权，项目总装机容量为 3000MW	—
2020 年 12 月	Iberdrola	收购德国 Sea Wind 50%的股权	—
2020 年 12 月	Iberdrola	收购法国太阳能发电站	—
2020 年 10 月	Avangrid（Iberdrola 美国子公司）	收购美国 PNM Resource 电力公司	83 亿美元
2020 年 9 月	Neoenergia（Iberdrola 巴西子公司）	从 PEC Energia 手中收购巴西的风力发电组合，总装机容量为 400MW	—
2020 年 9 月	Iberdrola	从英国 Green Investment Group 收购日本 Acacia 可再生能源公司	—
2020 年 9 月	Iberdrola	从 UAC Energy 收购澳大利亚可再生能源公司 Infigen Energy 20%的股权	—
2020 年 9 月	Neoenergia（Iberdrola 子公司）	为巴西 Oitis 风电场完成了 1.315 亿美元的项目融资	1.315 亿元

续表

时间	投资方	投资情况	金额
2020 年 6 月	Iberdrola Renewables Australia PTY（Iberdrola 澳大利亚子公司）	收购澳大利亚可再生能源公司 Infigen Energy 的大部分股权	6.18 亿美元
2020 年 6 月	Iberdrola and Enea Group	投资建设波罗的海 3300MW 海上风力发电项目	—
2020 年 5 月	Scottish Power Renewables（Iberdrola 英国子公司）	收购 3R Energy and Mitchell Energy 旗下苏格兰 165MW 风力发电项目	—
2020 年 5 月	Iberdrola Renovables France（Iberdrola 法国子公司）	收购法国风力发电开发商 Aalto Power	1.08 亿美元
2020 年 3 月	Iberdrola	收购从事法国风力发电项目 Ailes Marines 的剩余 30%股权	—
2020 年 1 月	Iberdrola 和 DP Energy Ireland	开发和建设澳大利亚 320MW 风能发电和太阳能发电混合项目	—
2020 年 1 月	Neoenergia（Iberdrola 子公司）	投资建设巴西 12 个共 370.8MW 风力发电项目	3.23 亿美元

数据来源：GlobalData。

在清洁能源领域，Iberdrola 持续扩大自己的优势产业，深入布局全球风电和光伏领域。在风电领域，2020 年 9 月，旗下子公司 Neoenergia 为巴西 Oitis 风电场完成了 1.315 亿美元的项目融资；2020 年 12 月，获得德国清洁能源公司 Sea Wind 50%的股权。可以看到 Iberdrola 的这些投资行为，使其获得在海上风电领域巨大的增长潜力。在光伏发电领域，Iberdrola 主要在西班牙本土开展投资，金额较大的投资包括：2021 年 3 月，投资 5.071 亿美元建设西班牙的 Thagus 和 Cedillo 光伏电站；2020 年 12 月，投资 2.662 亿美元建设西班牙奥特罗太阳能发电站等。

Iberdrola 积极与海外公司开展绿色氢能、电力服务等新兴领域的跨国合

作，见表4-4。在氢能领域与多家企业开展联合研究，例如：2021年4月，与BP、Enagas合作，共同研究开发西班牙瓦伦西亚社区绿色氢气生产一期项目。该项目还考虑为所生产的绿色氢气探索更多的增值用途，包括供应重型运输部门以及推动该地区能源密集型产业的去碳化进程。在智能化电力服务领域，2020年10月，Iberdrola Texas与Innowatts合作部署人工智能平台，使其能够更好地应对大比例接入可再生能源所导致的电网不稳定问题，同时向客户提供更加经济的个性化能源产品和服务。

表4-4　2020年至今Iberdrola合资案例

时间	合作方	合 作 情 况	金额
2021年4月	BP；Enagas；Iberdrola	合作研究瓦伦西亚社区绿色氢气生产一期项目	1.09亿美元
2021年4月	Iberdrola；Mapfre	与保险公司Mapfre合作投资230MW的新能源项目，包括风电和光伏发电	—
2021年3月	Cosmo Eco Power；Hitz Engineering；Iberdrola	与风能公司Cosmo Eco Power和工程公司Hitz engineering签署协议，共同开发日本青森县的Seihoku－oki风电项目，总装机容量为600MW	—
2021年1月	Iberdrola；Total	与法国石油和天然气公司Total合作制定竞标丹麦Thor海上风电场的计划	—
2020年11月	National Grid；Scottish Power；SSE	在苏格兰和英格兰之间开发一条4GW的电力连接线	—
2020年10月	Innowatts；Iberdrola Texas	合作部署人工智能平台，并推动采用直接来自美国得克萨斯州风电场的绿色家庭能源	—
2020年7月	Iberdrola；Seat；Volkswagen Group Espana Distribucion	与SEAT和大众汽车集团西班牙销售部（VGSD）签署战略合作协议，推动部署快速和超快速充电站	—

数据来源：GlobalData。

（三）法国EDF

受全球疫情影响，2020年EDF的投资较2019年有所下降，但进入2021

年，投资情绪回升。主要投资地区集中在英国、摩洛哥、肯尼亚、比利时、意大利、爱尔兰、巴西等地。截至2020年年底，其海外资产规模达到1708亿美元，占总资产的45.5%。为落实“2030年可持续发展目标”，EDF的投资领域仍然以可再生能源为主，主要为风力发电和光伏发电项目。

在EDF投资项目中风力发电和光伏发电等可再生能源项目所占比例接近一半，投资区域主要集中在亚洲和非洲，见表4-5。例如：2021年2月，收购肯尼亚Econet Energy Kenya能源公司50%的股份，开发太阳能发电项目；2020年1月，EDF旗下子公司EDF Renewables和Mitsui & Co. 公司合力投资建设摩洛哥87MW风力发电项目；2020年12月，EDF Renewables SA和Jinko Power（HK）完成阿联酋Al-Dhafra太阳能发电项目10亿美元的项目融资。EDF也持续在天然气和核电等领域开展跨国投资，例如：2020年5月宣布计划投资英国Sizewell C核电站，2020年3月从瑞典国有能源公司Vattenfall手中收购了从事天然气和电力零售的iSupplyEnergy公司。

EDF坚持为客户提供不断创新的服务，为企业开发能源解决方案是其重点业务之一。为增强在能源服务领域的竞争力，EDF积极布局国际市场，主要采取股权收购的形式投资相关技术企业。例如：2020年9月，EDF收购微电网企业Ecosun Innovations 29%的股份；2020年2月，收购英国电动汽车充电基础设施供应商Pod Point 23%的股权。

表4-5　2020年至今EDF跨国投资案例

时间	投资方	投资情况	金额
2021年5月	EDF Renewables	从澳大利亚Goldwind公司和Lacour能源公司手中收购Banana Range风电项目，总装机容量达280MW	—
2020年4月	EDF Renewables	投资建设巴西242MW风力发电项目	1.87亿美元
2021年3月	EDF Renewables	从Countryside Renewables手中收购英国Porth Wen 49.9MW太阳能电站	—
2021年3月	EDF Renewables	从AGR手中收购英国Burwell太阳能电站	—

续表

时间	投资方	投 资 情 况	金额
2021年2月	EDF	收购肯尼亚Econet Energy Kenya能源公司50%的股份	—
2021年2月	EDF	收购肯尼亚能源公司Bboxx公司23%的股份	—
2021年1月	Luminus SA（EDF比利时子公司）	收购比利时电力公司Essent Belgium N. V（RWE子公司）	—
2021年1月	EDF Renewables、Enbridge和WPD	完成法国Calvados海上风电场的项目融资	—
2021年1月	Edison（EDF意大利子公司）	从F2i Fondi Italiani手中收购E2i Energie（一家风能可再生能源公司）70%的股份	—
2020年12月	EDF Renewables SA和Jinko Power（HK）	完成阿联酋Al-Dhafra太阳能发电项目10亿美元的项目融资	10亿美元
2020年10月	EDF Renewables	收购爱尔兰Wexford Solar太阳能公司	—
2020年9月	EDF	收购微电网公司Ecosun Innovations 29%的股份	—
2020年9月	Mitsui & Co和EDF Renewables SA	完成摩洛哥Taza风电场一期的项目融资	—
2020年6月	Framatome SAS（EF子公司）	收购美国核部件制造公司BWX Technologies位于美国的核服务业务	—
2020年5月	EDF	计划投资英国Sizewell C核电站	—
2020年3月	EDF	从瑞典国有能源公司Vattenfall手中收购从事天然气和电力销售的英国iSupplyEnergy公司	—
2020年2月	EDF	从Hazel Shore手中收购爱尔兰Codling海上风电项目50%的股份	—
2020年2月	EDF Energy（EDF）和Legal & General Capital	共同收购英国电动汽车充电基础设施供应商Pod Point 23%股权	—

续表

时间	投资方	投 资 情 况	金额
2020年2月	EDF	从 Hazel Shore Ltd. 手中收购位于爱尔兰的海上风电场项目50%的股权	—
2020年1月	EDF Renewables 和 Mitsui & Co.	投资建设摩洛哥87MW风力发电项目	—

数据来源：GlobalData。

EDF为实现业务重组，主动剥离部分海外资产，主要为其子公司 Edison 旗下资产。出售的资产类型多为风电资产，也包括少部分石油和天然气资产，见表4-6。出售方式多为股权出售。其中，2020年12月出售挪威油气勘探和生产公司 Edison Norge 100%股份给挪威油气集团 Sval Energi，这是近两年内EDF出售资产金额最大的一笔交易，交易价格为3.34亿美元。

表4-6　2020年至今EDF跨国出售案例

时间	投资方	出 售 资 产	金额
2020年8月	Omega Geracao	出售巴西 Ventos da Bahia 1和2风电场50%的股权	1.177亿美元
2020年10月	Scale Gas Solution 公司	出售旗下子公司意大利 Depositi Italiani 19%的股份	—
2020年11月	L'Oreal	出售旗下子公司 Dalkia 与 Dalkia 和 Envitec Biogas AG 合资企业的股份	—
2020年12月	—	旗下子公司 Edison 出售阿尔及利亚的上游石油和天然气资产	—
2020年12月	Sval Energi	旗下子公司 Edison 出售挪威油气勘探和生产活动公司 Edison Norge 100%的股份	3.34亿美元
2021年1月	2i Rete Gas	旗下子公司 Edison 出售意大利天然气零售商 Infrastrutture Distribuzione Gas 公司100%的股权	1.827亿美元
2021年3月	—	出售光伏组件制造商 Photowatt AG	—
2021年4月	EIG Global Energy	出售英国的燃气发电项目	—

数据来源：GlobalData。

（四）法国 Engie

截至 2020 年年底，法国 Engie 公司的海外资产达到 634.5 亿美元，占总资产的 33.76%，Engie 的业务覆盖欧洲、美洲、亚洲和非洲等地区。截至 2020 年年底，Engie 在全球拥有 60 家子公司。

Engie 致力于实现零碳转型，通过技术提升、数字化转型和融资援助，帮助客户降低能耗、提高能源效率。到 2030 年，Engie 计划减少三分之二的直接温室气体排放，帮助客户将建筑能耗降低 30%，实现 50%的可再生能源发电能力，并增加 50%的新能源汽车。

Engie 为实现零碳转型，投资主要聚焦风能、太阳能、地热能等领域。在 2020 年至 2021 年上半年间投资了 16 宗可再生能源项目，见表 4-7。Engie 主要聚焦于风力发电和光伏发电，相关领域的投资金额较大，例如：2020 年 4 月，Engie 北美地区分公司以 16 亿美元投资美国的可再生能源组合，包括 1.5GW 的陆上风电和 0.5GW 的太阳能项目（共 11 个发电站）。同时，Engie 还致力于与大学开展合作，服务客户实现清洁零碳转型和能源效率提升，例如与英国基尔大学达成 25 年的协议，计划开发运营一个集风能、太阳能和储能为一体的可再生能源园区，为大学提供电力，每年可减少超过 1541.5t 的碳排放。

Engie 同样投资了天然气项目和能源服务类企业。例如：2020 年 4 月从 EMGB 公司收购位于比利时 Vilvoorde 的天然气发电厂，总装机容量为 255MW；2020 年 2 月，收购了一家提供多种可再生能源服务的公司 Ameresco。

表 4-7　2020 年至今 Engie 跨国投资案例

时间	投资方	投 资 情 况	金额
2021 年 3 月	Storengy Deutschlandon	收购了地热能公司 geoENERGIE Konzept 100%的股权	—
2021 年 2 月	Engie Energia Chile	完成智利 Antofagasta 地区 Calama 风电项目融资	1.25 亿美元
2021 年 2 月	Engie 和 Conquest Asset Management	同意投资 7000 万欧元建设和开发位于比利时的海上风电组合，总装机容量为 43MW	8466 万美元

续表

时间	投资方	投 资 情 况	金额
2020 年 12 月	Engie Romania	从 Ever Solar 收购罗马尼亚 Harghita 的两个太阳能发电站，总装机容量为 9.3MW	—
2020 年 12 月	Engie	投资建设和开发位于英国的风能、太阳能和储能综合园区	1077 万美元
2020 年 12 月	Engie、Credit Agricole assurance 和 Mirova	从葡萄牙能源公司（Energias de Portugal）手中收购葡萄牙水电站组合	24 亿美元
2020 年 11 月	Engie	收购 Engie Energia 智利公司 7.23%的股份	—
2020 年 10 月	Engie	获得澳大利亚 Hills of Gold 风电场项目开发权，总装机容量将为 420MW	—
2020 年 10 月	Engie	投资在法国建设太阳能发电站，总装机容量为 12MW	1505 万美元
2020 年 9 月	Engie	为印度 Gujarat 太阳能发电站项目融资，总装机容量 200MW	6550 万美元
2020 年 7 月	Engie Energia Chile	收购智利 Eolica Monte Redondo 风电项目	—
2020 年 6 月	Engie Green	投资法国风电项目，总装机容量为 11MW	1582 万美元
2020 年 4 月	Engie North America	为美国的可再生能源组合融资，组合包括 1.5GW 的陆上风电和 0.5GW 的光伏发电项目（共 11 个发电站）	16 亿美元
2020 年 4 月	Electrabel（Engie 比利时子公司）	从 EMGB 公司手中收购位于比利时 Vilvoorde 的天然气发电厂，总装机容量为 255MW	—
2020 年 2 月	Engie	收购一家提供多种可再生能源服务的公司 Ameresco	—
2020 年 1 月	Engie	收购荷兰地热能公司 Hydreco Geomec	—

数据来源：GlobalData。

在合资合作方面，Engie 积极寻求氢气、储能、小型堆领域的合作机会，见表 4-8。Engie 分别与 Equinor、Australia Gas Networks、Total、Viva Energy Australia Pty 四家企业签订了合作协议，旨在提供或生产绿色氢气、开展低碳活动。2021 年 1 月，Engie 与法国道达尔石油公司签署合作协议，用于设计、开发、建造和运营法国绿色氢气 Masshylia 项目。2021 年 2 月，与挪威能源公司 Equinor 签署合作协议，将在比利时、荷兰和法国联合开发低碳氢能项目。此外，Engie 也对太阳能发电加储能的分布式发电资产，以及小型模块化反应堆（SMR）项目展示出了投资合作意向。

表 4-8　　2020 年至今 Engie 合资案例

时间	合作方	合资情况	金额
2021 年 2 月	Engie；Equinor	与挪威能源公司 Equinor 签署合作协议，将在比利时、荷兰和法国联合开发低碳氢能项目	—
2021 年 2 月	Australia Gas Networks；Engie	合作为约 4 万用户提供无碳氢气	—
2021 年 1 月	Total；Engie	签署合作协议，用于设计、开发、建造和运营 Masshylia 项目，该项目是法国最大的利用 100%可再生电力生产绿色氢气的基地	—
2020 年 12 月	Engie Services Australia & New Zealand Pty（Engie 澳大利亚子公司）and Viva Energy Australia Pty（澳大利亚石油和天然气公司）	签订合作协议，在澳大利亚 Geelong 炼油厂区开发一个液化天然气再气化终端	—
2020 年 12 月	Engie North America（Engie 北美子公司）；Hannon Armstrong Sustainable Infrastructure Capital（气候变化解决方案投资者）	共同投资位于美国各地的太阳能发电加储能项目	1.72 亿美元

续表

时间	合作方	合资情况	金额
2020年1月	Fermi Energia；Fortum（芬兰清洁能源公司）；Tractebel Engineering（Engie比利时子公司）	共同研发意大利Fermi Energia公司在爱沙尼亚开发的小型模块化反应堆（SMR）项目	—

数据来源：GlobalData。

4.2 部分日本电力企业

清洁能源是目前日本电力企业海外投资的主要方向，除了太阳能发电和风电外，生物质发电和垃圾发电也是日本企业投资的重点领域，在化石燃料发电项目中聚焦燃气发电项目，见表4-9。太阳能和风能发电仍然是目前日本电力企业海外投资的首选，Renova、J-Power、JRE主要投资太阳能发电项目，而JERA和Itochu主要投资风电领域。一些日本电力企业在海外开拓生物质发电、垃圾发电等更多元化的领域。2021年3月，Renova收购德岛津田生物质发电厂G.K额外24.7%的股份；2020年5月，Itochu、Suez、Marguerite Fund联合投资位于塞尔维亚贝尔格莱德的Vinca垃圾发电项目。在传统的发电来源上，主要投资天然气项目，例如2020年7月JERA在孟加拉国投资开发天然气发电厂。

表4-9　　2020年至今日本电力企业投资案例

公司	时间	投资方	投资情况	金额
JERA	2020年7月	JERA	投资建设孟加拉国的天然气发电厂，装机容量为745MW	6.42亿美元
	2020年3月	JERA	收购中国台湾地区的海上风电项目43.75%股权，装机容量达到2000MW	—
	2020年6月	JERA	Jera、Ademe Investissemen、Ideol在全球范围内共同投资建设2GW海上漂浮式风电项目	—

续表

公司	时间	投资方	投 资 情 况	金额
Itochu	2020 年 5 月	Itochu；Suez；Marguerite Fund	投资塞尔维亚 Vinca 垃圾发电项目，该项目装机容量为 103MW	2.9 亿欧元
	2020 年 3 月	Tyr Energy；Aspenall Energies（Delaware）；Itochu	投资美国 Kimball 和 South Fork 风电项目，总装机容量为 43MW	—
J - Power	2020 年 11 月	J - Power；Genex Power	将在澳大利亚开发 Kidston 三期 150MW 风力发电项目	—
	2020 年 9 月	J - Power	收购中国台湾地区 Kaehie 电力有限公司（Chiahui Power Corporation）的股份	1.83 亿美元
	2020 年 8 月	Solar Plus Development；Avondale Solar；J - Power USA Development	投资开发美国得克萨斯州 400MW 太阳能光伏发电项目	—
	2020 年 4 月	Solar Plus Development；Avondale Solar；J - Power USA Development	投资开发美国得克萨斯州 350MW 太阳能光伏发电项目	—
JRE	2021 年 3 月	JRE	收购中国台湾地区鸿晶新科技股份有限公司旗下的太阳能发电站	—
Chubu Electric Power Co Inc	2020 年 3 月	三菱公司和日本中部电力公司	收购能源公司 Eneco Groep N. V	41 亿欧元

数据来源：GlobalData。

日本电力企业海外投资区域涉及亚洲、美洲、大洋洲。其中，在中国台湾地区进行了多项投资，如 2020 年 3 月 JERA 收购了该地区的海上风电项目，2020 年 9 月 J - Power 收购了 Kaehie 电力有限公司（Chiahui Power Corporation）的股份，2021 年 3 月 JRE 收购了中国台湾地区鸿晶新科技股份有限公司旗下的太阳能发电站。此外，日本电力企业在孟加拉国、美国以及澳大利亚也有投资，例如：J - Power 于 2020 年在美国投资了两宗光伏发电项目，JERA 于 2020 年 7 月投资建设孟加拉国 745MW 天然气发电厂，J - Power 于 2020 年 11 月宣布将在澳大利亚开发 Kidston 三期 150MW 风力发电项目。

地区篇

5

“一带一路”电力行业跨国投资分析

5.1 投资环境

“一带一路”倡议的提出和务实推进，给沿线国家的经济社会发展带来了显著变化，历经八年发展，“一带一路”已经成为中国践行人类命运共同体理念、携手广大发展中国家共商共建、促进全球共同发展繁荣的重要平台。经济发展，电力先行，电力投资合作既是促进“一带一路”国家工业化和经济发展现代化的基石，也是助推沿线国家能源绿色低碳转型的重要抓手。放眼未来，“一带一路”国家电力投资合作潜力巨大，也存在各种风险和挑战，需要中国和沿线国家紧密合作，携手应对。

5.1.1 机遇

(1)“一带一路”地区大多为发展中国家和新兴经济体，经济增长和电力增长空间广阔，电力基础设施投资需求大。根据 IEA 统计，尽管受新冠肺炎疫情影响，新兴市场和发展中经济体 2020 年电力需求下降约 1%（低于全球电力需求下降 2%的幅度），但预计 2021 年其电力需求将迅速超过 2019 年即疫情前水平，2030 年之前将以每年 3%的速度增长。俄罗斯、蒙古国、中亚国家（简称俄蒙中亚地区）、南亚、东南亚、非洲等沿线国家多为发展中国家，正处于或即将进入工业化发展阶段，电网等基础设施建设落后，电气化水平较低，电力短缺问题长期存在，普遍将电力作为各国优先发展的重点行业。其中，俄蒙中亚地区，俄罗斯电力设施老化严重，蒙古国和中亚 5 国处于电力建设快速扩张期；南亚地区人口多，是全球缺电最严重的地区之一；东南亚地区经济增长较快，电力基础设施是各国基本建设的重点，在区域经济一体化推动下，各国电网互联互通进程加快；非洲地区无电人口占全球一半，电气化水平较低，缺电问题长期制约经济社会发展。中东欧国家和独联体国家电网设备老化，风电、太阳能发电等新能源发电并网面临较大压力，对电网设备升级改造具有刚性需求。“一带一路”沿线部分国家资金匮乏，电力基建设施投资不足，引入外资需求较大。

（2）绿色成为高质量共建“一带一路”的重要主题，而沿线地区本就具备丰富的清洁能源资源，为电力行业的绿色投资、绿色技术和产能合作、绿色金融等带来了新机遇。如今，绿色清洁低碳日益成为建设电力丝绸之路的主旋律。而“一带一路”地区水能、风能、太阳能等清洁能源资源丰富，具有清洁绿色发展的能源资源“基因”。据中国新能源海外发展联盟预测，以“一带一路”沿线重点国别发布的可再生能源装机规划目标水平为基础，其中沿线38个国家2020—2030年可再生能源装机总量约为644GW，风电和太阳能发电总投资有望达到6440亿美元。为推动绿色“一带一路”建设，中国支持发布了《“一带一路”绿色投资原则》，并与联合国环境规划署共同推动组建了“一带一路”绿色发展国际联盟，旨在推动以绿色建设贯通“一带一路”成为国际共识和共同行动。2021年10月，第二届“一带一路”能源部长会议在中国青岛召开，会议发布了《“一带一路”绿色能源合作青岛倡议》，呼吁各方采取一致行动，支持发展中国家能源绿色低碳发展。根据中央财经大学绿色金融国际研究院发布的《2021年上半年中国“一带一路”投资报告》，2020年中国在“一带一路”沿线国家的可再生能源投资金额首次超过对其煤炭行业的投资，2021年上半年中国对沿线国家的煤炭融资为零。

（3）中国与“一带一路”国家投资贸易合作不断深化，与沿线国家自贸区建设取得新突破，机制平台更加健全，为“一带一路”电力建设创造了良好的合作框架和合作平台。“一带一路”建设正在向纵深推进，中国与沿线国家间合作不断取得新进展。据商务部统计，2020年中国对沿线国家非金融类直接投资177.9亿美元，增长18.3%，占全国对外投资的比重上升到16.2%；2021年1—5月，中国对沿线国家非金融类直接投资74.3亿美元，同比增长13.8%。截至2021年7月，中国已与“一带一路”沿线13个国家签署了7份自贸协定，包括成功签署目前全球规模最大的自贸区协定——《区域全面经济伙伴关系协定》（RCEP）。截至2021年1月底，中国已与171个国家和国际组织签署了205份共建“一带一路”合作文件，与缅甸、墨西哥、智利、白俄罗斯等国家建立了贸易畅通工作组，与更多国家建立了投资工作组、服务贸易工作组和电子商务合作机制。

5.1.2 挑战

“一带一路”电力投资项目具有资金密集型和技术密集型特点，初始投资金额大、投资建设周期长、投资回收慢。而沿线不少地区地缘政治、民族宗教关系复杂，电力合作面临地缘博弈、政局动荡、地区冲突、新冠肺炎疫情引发经济衰退、债务风险、汇率波动等多方面的挑战。

(1) 政治风险较大。受大国地缘政治、种族冲突、恐怖主义等多重因素影响，“一带一路”沿线部分国家政局不稳，政权更迭频繁，西亚和非洲政治风险尤为突出。2021年2月，缅甸军方发动军事政变，扣押执政党领导人，9月，缅甸多地发生反对军事政变的示威活动和军事冲突。2021年8月，美军撤出阿富汗，阿富汗塔利班9月7日宣布组建临时政府，对周边的地缘政治形势和经济社会发展带来了新的不确定性。2021年9月，西非国家几内亚发生政变，反政府武装人员扣押总统，宣布解散政府并废除宪法，非洲联盟（简称非盟）和平与安全理事会宣布暂停几内亚的非盟成员国资格。

(2) 新冠肺炎疫情下经济复苏艰难，继而引发一系列社会问题。世界银行在2021年6月发布的《世界经济展望》中，预计新兴市场和发展中经济体2021年经济增长下降1.7%，其中南亚、中东北非和撒哈拉以南非洲地区分别下降5.4%、3.9%和2.4%。新兴市场和发展中经济体增长滞后除了因为受到新冠肺炎疫情影响，旅游业和石油、大宗商品出口受到打击以外，很多地区医疗资源匮乏，新冠肺炎疫苗接种进展严重滞后，影响了经济复工复产。疫情冲击加剧了部分国家经济社会发展深层次问题，凸显其经济脆弱性，导致更严重的失业和贫困问题，引发政治动荡和冲突事件。

(3) 新冠肺炎疫情加剧部分国家主权债务风险。新冠肺炎疫情暴发以来，沿线较多国家或地区经济欠发达，政府的财政收支失衡，债务比例较高。2021年8月，世界银行下属的国际开发协会（International Development Association，IDA）在发布的2021财年财务报表中，列出了债务风险最高的10个国家，分别是印度、孟加拉国、巴基斯坦、越南、尼日利亚、埃塞俄比亚、肯尼亚、坦桑尼亚、加纳和乌干达，其在IDA的债务存量见表5-1。全球约有2/3的新兴市场及发展中国家债务水平超过了国际货币基金组织（International Monetary Fund，IMF）设置的40%债务警戒线。为减轻发展中国家债务负担，中国积极参与并落实二十国集团（G20）暂缓最贫困国家债务偿付的倡议，宣布向77个发展中国家和地区暂停债务偿还。

表5-1　2021年债务风险最高的10个国家及其IDA债务存量

国　　家	IDA债务存量（亿美元）
印度	220
孟加拉国	181
巴基斯坦	164
越南	141
尼日利亚	117
埃塞俄比亚	112
肯尼亚	102
坦桑尼亚	83
加纳	56
乌干达	44

资料来源：世界银行数据库。

（4）汇率波动风险加大。大多数“一带一路”沿线国家属于新兴市场或新兴经济体，货币不可自由兑换，外汇储备有限。近年来，受到中美贸易摩擦、大宗商品价格波动以及全球经济复苏缓慢等多重因素影响，新兴市场国家汇率大幅波动更加频繁，部分“一带一路”沿线国家深陷汇率风险的泥潭。中国工程承包企业涉足的重点国家或区域中，有许多国家的本币已贬值超过30%，更有一些国家本币贬值已超过40%～50%，由此造成已投资的项目资产缩水、利润空间进一步压缩。还有一些国家由于外汇短缺，实行严格的外汇管制，如埃塞俄比亚，近年来外汇严重短缺，政府实行外汇管制，企业用汇受到极大限制，导致一些建设项目由于外汇短缺不能购买所需物资而被迫中断，给企业造成巨大的损失。

5.2 部分沿线国家电力行业投资环境和交易进展

5.2.1 马来西亚

（一）电力基本情况

马来西亚以煤电和天然气发电为主，占总装机容量的70%以上（见表5-2）。预计2021至2025年期间，煤电装机容量将逐渐下降，而天然气发电装机容量将小幅上升，燃油发电比例保持不变。水电占比在15%左右，且预计将长期维持该水平。目前可再生能源发电比例较低，其中光伏发电占比不到4%，但在马来西亚政府努力推广可再生能源的背景下，其光伏发电年均增长率高达11%，是所有发电领域中增长最快的。

表5-2 马来西亚宏观经济及电力行业现状与预测

项目		2020年	2021年	2022年	2023年	2024年	2025年
人均GDP（美元）		10 181.63	11 533.90	12 308.16	13 242.21	14 118.50	15 046.18
发电装机（MW）		39 168.37	39 771.31	41 210.59	42 312.29	42 658.72	43 605.09
发电结构	煤电	33.56%	33.05%	31.90%	31.07%	30.82%	30.84%
	天然气发电	40.89%	41.19%	42.59%	43.31%	42.96%	42.39%
	燃油发电	3.59%	3.54%	3.41%	3.32%	3.30%	3.23%
	核电	0	0	0	0	0	0
	水电	15.68%	15.45%	14.98%	14.72%	14.73%	14.81%
	光伏发电	3.90%	4.36%	4.75%	5.20%	5.78%	6.32%
	生物质发电	2.39%	2.41%	2.37%	2.38%	2.41%	2.42%

续表

项　　目	2020 年	2021 年	2022 年	2023 年	2024 年	2025 年
用电量（GW·h）	142 062	147 997	153 108	157 617	161 061	165 014
线损率	7.50%	7.40%	7.33%	7.29%	7.30%	7.28%

数据来源：GlobalData，世界银行数据库。

（二）电力市场结构

马来西亚电力企业中包含国有和私营企业。独立发电企业经营的发电资产约占马来西亚所有发电资产的 70%。三家国有企业 TNB（Tenaga Nasional Berhad）、SEB（Sarawak Energy）、SESB（Sabah Electricity）在发电端占比分别为 11%、16%和 1%，这三家企业也是仅有的获准参与输配电的实体。在输电和运营方面，马来西亚最大的电力公用事业公司 TNB 占据市场份额的 76%、SEB 占据 15%、SESB 占据剩余的 9%。在配电领域，TNB 几乎垄断了所有的市场份额，其占比达到 94%，剩下的 5%和 1%分别由 SEB 和 SESB 占据。在零售端，依然仅由这三家国有企业经营，TNB 占比最高，达到 78%，SEB 和 SESB 占比分别为 18%和 4%。

（三）投资交易结构及案例

马来西亚电力行业投资多集中于可再生能源领域，以水电和太阳能发电投资为主，见表 5-3。可再生能源因受到绿色技术融资、新能源补贴及拍卖等支持政策措施的激励，投资呈一定增长趋势。其中光伏发电项目受到政府的大力支持，成为重要投资领域。外国投资方多为中国香港和韩国企业，此外还有美国和德国企业。

表 5-3　马来西亚 2020—2021 年第二季度电力行业部分投资交易案例

时间	交易额	投资方	交易类型	出　售　方	资产类型
2021 年 1 月	—	马来西亚 Coara Solar Sdn Bhd；德国 ib vogt GmbH	投资	马来西亚 Coara Marang 太阳能发电项目	太阳能发电

续表

时间	交易额	投资方	交易类型	出售方	资产类型
2021年1月	—	马来西亚 Renikola Sdn Bhd	收购	德国 BayWare Renewable Energy GmbH 手中的两个马来西亚太阳能电站	太阳能发电
2020年9月	—	美国 Gradiant Corp	收购	马来西亚 Sigma Water Engineering (M) Sdn Bhd	水电
2020年4月	590万美元	韩国 Korea Electric Power Corp	收购	马来西亚 Pulau Indah Gas Turbine Power Plant (PIPP) 25%的股权	天然气发电
2020年1月	861万美元	中国香港 Xinyi Glass Holdings Ltd	投资	马来西亚马六甲屋顶太阳能发电项目	太阳能发电

数据来源：GlobalData。

（四）主要投资机遇

马来西亚政府计划到2025年可再生能源发电量占20%，可再生能源发电尤其是光伏发电领域的投资潜力充足。但马来西亚不允许外国投资者在可再生能源资产中拥有多数股份，因此外国投资者需要与当地企业开展合作。同时，由于大多数可用土地是高价值的农业用地，土地成为大型电力项目投资的制约因素。此外，由于居民电价低于商业和工业消费者的电价，光伏项目难以在住宅区域开展。

5.2.2 巴基斯坦

（一）电力基本情况

巴基斯坦目前仍以化石能源发电为主，天然气发电、煤电、燃油发电总装机容量超过60%，其中天然气发电占最大，超过了化石能源总装机容量的一半，见表5-4。水电是巴基斯坦发电能源结构中第二大主力，装机容量超过20%，未来水电的占比仍将继续维持，但受到风电、太阳能发电等新能源发电的影响，一部分占比会逐渐被替代。预计 2021—2025 年间，巴基斯坦化石能源发电占比逐渐下降，煤电装机容量占比将有所上升，天然气发电和燃油发电的占比会下降。其风电和太阳能发电等增长较快，综合年均增长率达到 12%以上。核电目前在巴基斯坦的发电结构中虽然占比较小，但增长速度较快，预计 2025 年其装机容量达 9.75%。

表 5-4　　巴基斯坦宏观经济及电力行业现状与预测

项　目		2020 年	2021 年	2022 年	2023 年	2024 年	2025 年
人均 GDP（美元）		1247.84	1354.25	1410.67	1506.26	1586.19	1671.92
发电装机（MW）		41 262.73	44 758.57	48 908.59	51 699.96	54 023.95	56 080.34
发电结构	煤电	12.14%	13.41%	14.34%	15.48%	16.34%	17.23%
	天然气发电	38.02%	35.94%	34.60%	33.99%	33.60%	32.77%
	燃油发电	13.30%	12.26%	11.26%	10.41%	9.58%	8.85%
	核电	3.19%	5.21%	6.84%	6.47%	6.19%	9.75%
	水电	24.15%	23.42%	22.81%	23.01%	23.00%	23.14%
	新能源发电	6.66%	7.35%	7.84%	8.37%	9.02%	9.75%
	生物质发电	2.54%	2.42%	2.30%	2.27%	2.27%	2.29%
用电量（GW·h）		110 442	111 867	114 305	117 391	120 700	122 740
线损率		18.96%	19.74%	20.26%	20.62%	20.95%	21.44%

数据来源：GlobalData，世界银行数据库。

（二）电力市场结构

巴基斯坦的电力企业大部分为国有企业。在发电端，国有电力企业市场份额接近 50%，主要包括 PAEC（以核能为主）、GENCOS（热力发电）和 WAPDA（水力发电）。代表性的私营企业为热力发电商 K-Electric，其市场份额占比 8%。在输电和运营领域，私营企业 K-Electric 和国有企业 NTDC 占比相当，分别为 52%和 48%。在配电和售电领域，DISCOS 公司几乎形成了垄断的态势，占据了 91%的市场份额，剩余的 9%份额由 K-Electric 占有。

（三）投资交易结构及案例

巴基斯坦的外国电力投资者多来源于周边国家如中国、阿联酋，此外还有挪威和日本。巴基斯坦2020—2021年第二季度电力行业部分投资交易案例见表5-5。从资产类型上看，可再生能源发电特别是太阳能发电领域投资较多，且大部分为绿地投资。

表5-5 巴基斯坦2020—2021年第二季度电力行业部分投资交易案例

时间	交易额	投资方	交易类型	出售方	资产类型
2021年3月	—	中国上海电力股份有限公司	收购	巴基斯坦KES Power中K-Electric66.4%的股权	—
2021年2月	7960万美元	挪威Scatec ASA；巴基斯坦Nizam Energy (Pvt) Ltd	投资	巴基斯坦太阳能发电项目	太阳能发电
2020年11月	—	阿联酋Yellow Door Energy LLC	投资	巴基斯坦光伏发电站	太阳发电
2020年2月	—	日本Mitsui & Co Ltd	收购	巴基斯坦政府手中两个液化天然气发电厂	天然气发电
2020年1月	4.97亿美元	巴基斯坦Fauji Fertilizer Co Ltd；中国机械工程公司（CMEC）；Thar Energy Limited	投资	巴基斯坦燃煤发电项目	煤电

数据来源：GlobalData。

（四）主要投资机遇

巴基斯坦制定了可再生能源发展目标和相关支持政策，计划到2030年可再生能源发电达到60%。风电和太阳能发电等领域投资市场空间广阔。由于国际金融机构纷纷停止对燃煤发电厂的资金支持，水电也将成为其重要投资领域。此外，新建电源点的送出、骨干电网的升级将推动巴基斯坦输配电领域的投资建设。

6

欧洲地区电力行业跨国投资分析

6.1 投资环境

6.1.1 宏观环境

从政治环境来看，欧盟的一体化将继续接受考验。欧盟尤其是法国、德国，将继续作为欧洲抗击新冠肺炎疫情、推动一体化的核心力量。近年来，欧盟曾借金融危机和债务危机恢复计划的机会深化政策协调机制，推动一体化向深入发展，本次大规模的复苏计划将使欧盟在财政一体化的道路上继续向前迈进。欧盟在复苏计划的制定和实施过程中也面临一些分歧。作为主要出资方的西欧、北欧国家与作为主要受援方的南欧、东欧国家之间已经表现出不小的分歧。北欧国家尤其反对过多使用无偿拨款实施救助，主张成员国若想得到救助，必须承诺对自身进行全面改革。这些分歧可能制约疫情背景下欧盟的深度一体化。

从经济环境来看，欧洲经济正从新冠肺炎疫情的严峻挑战中缓慢复苏。根据欧盟统计局的计算，2020 年欧盟 27 国实际 GDP 缩减 6.2%，欧元区 19 国实际 GDP 则缩减 6.4%。欧盟 27 国 GDP 之和已下滑至美国的 72.55%，短期内很有可能被中国超过。欧盟劳动力市场也保持低迷状态，根据欧盟执委会 2021 年 7 月的最新估计，2021 年欧元区经济将增长 4.8%，2022 年将增长 4.5%，勉强达到疫情前水平，仍低于其他主要经济体。2020 年欧盟通过了复苏计划，着眼于“后疫情时代”经济复苏和长远发展，此计划打破以往政策边界，强化共同预算引导功能并设立复苏基金，得到大部分成员国支持。这一复苏计划旨在抓住疫情后复苏的机遇期，加快数字化和绿色转型，从而实现更加可持续、更具竞争力的经济复苏。

6.1.2 行业发展

随着欧洲地区脱煤进程深入，可再生能源将成为电源环节主要投资对象。

欧洲国家各类电源装机容量见图 6 - 1。欧洲地区的主要电源依然是火电，但火电总装机容量正逐渐下行，2020—2025 年间装机容量将以年均 0.77%的速度下降。除波兰、俄罗斯等少数中东欧国家和德国外，煤电将基本不再作为一种主要电源。光伏发电和风电的装机容量则将迅速增长，2020—2025 年间年均增速分别为 5.57%和 5.43%。核电发展则因大部分国家对安全性的担忧而遇阻，仅有俄罗斯、法国等少数国家将核电作为主要发展对象。预计核电装机容量 2019—2025 年间年均增速为-1.02%。至 2025 年，风光发电装机容量均将超过核电装机容量，其中风电将逼近作为第二大电源的水电。

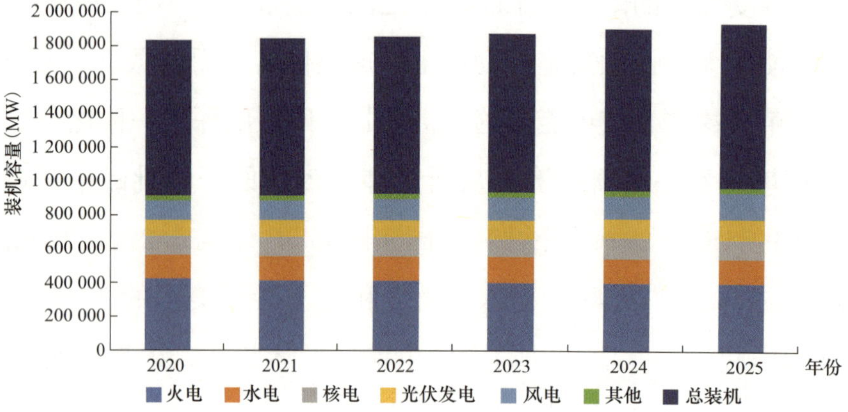

图 6 - 1　2020—2025 年欧洲国家各类电源装机容量

资料来源：GlobalData。

尽管欧洲大多数国家的输配电网已经比较完备，但随着可再生电源及用能设备不断接入，电网建设需求依然存在，电网规模将持续上升。从 2019 年到 2025 年，法国输配电线路总长度年均将上升 1.88%，德国将上升 4.46%。意大利、波兰等电网建设相对落后的国家以及国土广阔的俄罗斯，输配电线路总长度年均增速都将超过 10%，见表 6 - 1。

表 6-1　2020 年和 2025 年欧洲国家输配电线路长度及增长率预测

国　家	输配电线路长度（km）		年均增长率
	2020 年	2025 年	
法国	106 643	108 309	0.31%
德国	36 478	37 830	0.73%
意大利	75 699	83 154	1.90%
波兰	15 263	17 245	2.47%
罗马尼亚	8862	9017	0.35%
俄罗斯	148 939	164 544	2.01%
瑞典	16 147	16 293	0.18%
乌克兰	23 606	23 962	0.30%

资料来源：GlobalData。

欧洲电力体制发展趋势呈现交易机制多样化、电源清洁化、市场规范化等特点。第一，交易机制的多样化。欧盟电力市场是全球最成功的区域电力市场，欧盟已经建成了以框架指引和网络规范为共同运行规则、以 7 个区域电力市场为交易主体的跨境日前市场和较为完善的跨国辅助服务市场。目前，欧盟正在推进跨境日内市场的完善，并争取更多国家纳入跨境市场。全欧电力市场的整合将为电力的跨国交易提供更大便利，增强欧洲电力市场对外国投资的吸引力。第二，注重新能源发展。欧盟十分重视环境与气候问题，将现已明确提出到 2050 年，将可再生能源发电占比提升至 80%以上。欧盟将新能源发电与统一电力市场建设、智能电网建设、电网互联互通等问题统筹考虑，通过更大范围、更高水平的资源优化配置推动新能源电力消纳。第三，电力市场规范性不断提升。作为电力改革的先行者，欧盟国家的电力行业已十分成熟、规范，市场高度开放，监管体制健全，能够有效确保公平竞争。未来，欧盟还有可能进一步推动电力系统各环节纵向分离，优化竞争环境。

6.2 投资最新进展

6.2.1 投资概况

（一）投资目的地

2020年欧洲电力行业投资额为3007.68亿美元，投资目的地仍主要集中在西欧地区。英国继续超越其他主要国家，成为欧洲最主要的电力行业投资目的地，全年交易346宗，总交易额1332.01亿美元。西班牙为第二大投资目的地，全年交易176宗，总交易额372.04亿美元。法国和德国全年交易分别为142宗和165宗，总交易额为334.1亿美元和313.61亿美元。其他年度投资额超过百亿美元的欧洲国家还有意大利（186.77亿美元）、挪威（157.73亿美元）和荷兰（143.35亿美元），具体见图6-2。

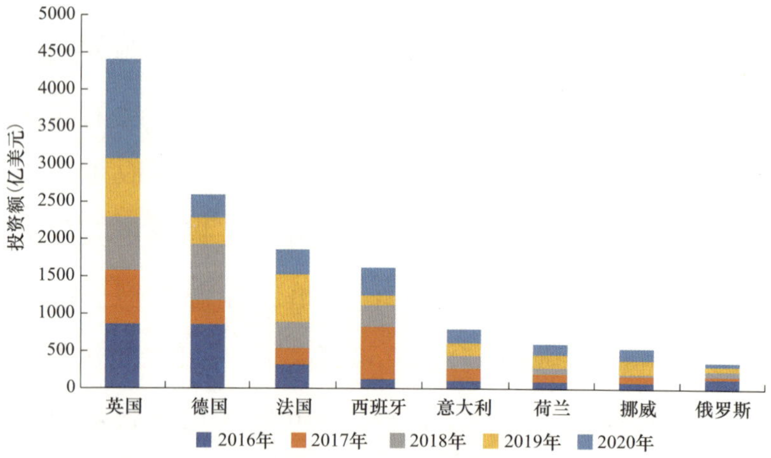

图6-2 2016—2020年欧洲各主要国家电力行业投资额

资料来源：GlobalData。

（二）投资领域

风电、输配电为欧洲电力投资最主要领域。2020年欧洲电力行业各领域投资额见图 6-3。2020 年，欧洲电力行业交易额最高的领域为风电，全年交易 482 宗，交易额增长 26.78%，达到 1466.66 亿美元。排名第二的输配电全年交易 290 宗，交易额微跌 0.32%，达到 1399.91 亿美元。化石燃料发电和水电的交易额分别为 1108.52 亿美元和 1021.32 亿美元，增速为 21.69%和 40.29%。智能电网投资额为 963.08 亿美元，下跌 6.78%。其他能源基础设施投资额为 871.03 亿美元，上涨 46.62%。其他上涨较快的投资领域还有核电和储能等。

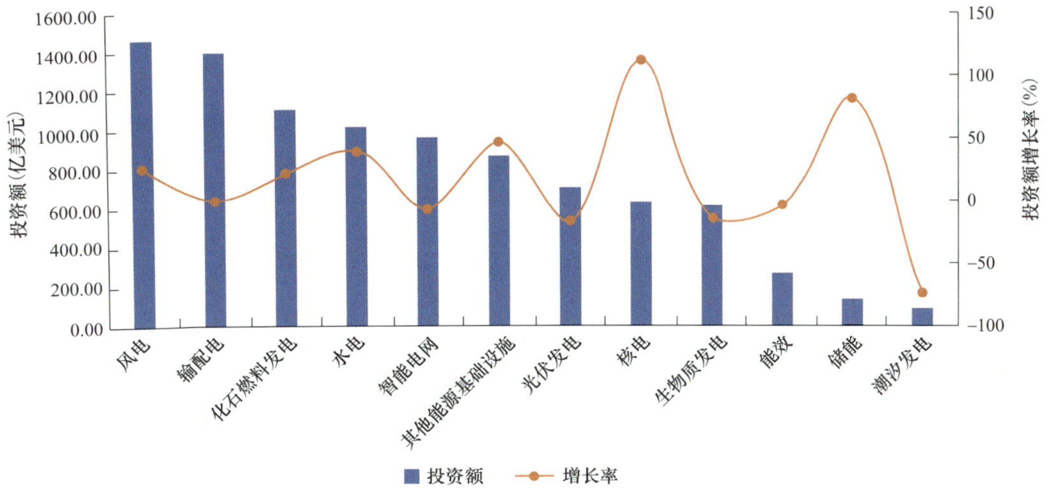

图 6-3　2020 年欧洲电力行业各领域投资交易额与增长率

资料来源：GlobalData。

（三）投资模式

债务融资、资产交易和企业并购为欧洲地区电力行业主要投资模式。2016—2020 年欧洲电力行业各种投资模式投资额具体见图 6-4。2020 年，欧洲电力行业共发生各类交易 1459 宗，总交易额 3007.68 亿美元，其中债务融资 74 宗，总交易额 1366.23 亿美元；资产交易 551 宗，总交易额 973.59 亿美元；企业并购 204 宗，总交易额 305.46 亿美元。在新冠肺炎疫情影响下，欧洲电力行业的并购规模缩窄，但债务融资和资产交易规模依然持续上升，体现了欧洲电力市场吸引投资的强大能力。

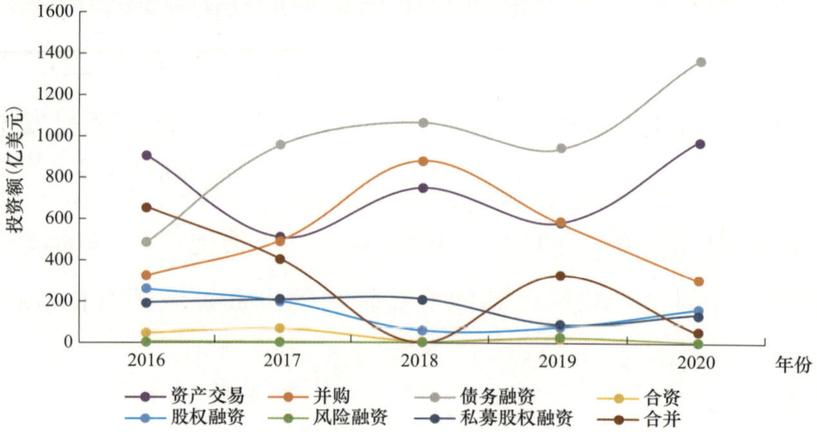

图 6-4 2016—2020 年欧洲电力行业各类投资交易额

资料来源：GlobalData。

6.2.2 重要趋势

(一) 传统能源巨头加速转型

到 2020 年年底，欧洲大部分主要的石油企业都做出了应对气候变化的长期承诺。雷普索尔、BP、壳牌、挪威国家石油公司、埃尼、道达尔先后宣布了 2050 年实现净零碳排放战略目标，具体见表 6-2。在投资方面，英国石油公司的目标是到 2030 年实现每年 50 亿美元的低碳投资。Equinor 预计到 2030 年将在可再生能源领域投资 116 亿美元。壳牌并未透露这方面的具体数字，但该公司 2020 年宣布将与 Gasunie（荷兰能源气体联合公司）在荷兰共同建设欧洲最大的绿氢项目计划，该项目由 10GW 的北海海上风电提供动力，到 2040 年每年可生产 80 万 t 绿色氢气。西班牙伊维尔德罗拉公司则承诺将每年的可再生能源投资增加到 118 亿美元。在装机容量方面，英国石油公司和法国 EDF 都提出了到 2030 年达到 50GW 清洁能源装机容量的目标。

2020 年以来，由于新冠肺炎疫情对石油行业造成的打击，业内企业普遍希望通过削减成本解决困难。但目前来看，削减成本的努力并未影响企业的低碳转型进程，2020 年以来，欧洲油气企业的清洁能源投资仍在加速。如 Eclinor

收购了太阳能开发商SATEC，与BP在美国离岸风能方面展开合作。

表6-2 近期欧洲部分能源企业减碳战略目标简述

雷普索尔	以2016年为基准，2025年碳排放强度下降10%，2030年下降20%，2040年下降40%，2050年实现净零排放。2025年，公司低碳发电能力将增加至7500MW；以炼油为主的工业领域直接排放减少25%
BP	2050年或之前，集团所有运营业务以绝对减排为基础实现净零碳排放，油气上游项目以绝对减排为基础实现零碳排放，所有销售产品的碳强度减少50%；2023年，主要油气生产工艺实施甲烷监测，将甲烷排放强度降低50%；增加对非油气项目的投资比例
壳牌	2050年或之前，生产过程中所有碳排放为零；2035年，产品的碳足迹减少30%，2050年减少65%
埃尼	2030年，公司上游活动的净碳足迹为零；2040年，公司全部业务的净碳足迹为零；2050年，碳排强度较2018年下降55%；开发规模为1000万t/a的二氧化碳捕集和储存能力，可再生能源发电能力超过55GW
道达尔	与2015年相比，到2050年将全球能源产品的碳强度降低60%。到2025年，将甲烷排放强度降至0.25%以下

（二）大型能源企业实施专业化战略

2020年以来，受新冠肺炎疫情冲击，全球能源需求持续低迷，欧洲能源电力企业受到较大冲击。不少企业通过资产剥离、裁员等方式，放弃利润贡献较低的板块，进一步推进专业化。英国国家电网公司打算出售国家电网天然气公司（NGG）的多数股权，从而成为纯电网企业。NGG拥有、管理和运营英国的国家天然气输送网络，英国国家电网公司宣称此举能使其专注于更高增长的资产，同时保持强劲的资产负债表。

英国SSE能源公司打算出售其在苏格兰天然气网络公司（SGN）33%的股份，后者是一家石油和天然气分销商，目前拥有并管理着苏格兰和英格兰南部近600万户家庭的天然气配送。这笔交易的价值可能在10亿英镑左右，将使SSE专注于其可再生能源战略。

继2019年将部分公用事业资产剥离后，丹麦Ørsted能源公司也将零售业务剥离，集中精力从事可再生能源开发。根据资产置换合约，Ørsted 将资产转给了 RWE 和 E. ON，后两者在发电、电网和零售方面也将分别加强专业化运营。Engie 公司打算出售某些能源服务业务，其中包括电气安装和暖通系统服务，该交易预计价值 60 亿美元。

（三）各国推进氢能转型

2020 年 6 月，欧盟宣布了氢能战略，希望借此为欧盟设置新的清洁能源投资议程，以达成在 2050 年实现碳中和的目标，同时在相关领域创造就业，进一步刺激欧盟在后疫情时代的经济复苏。氢能战略分三个阶段：第一阶段（2020—2024 年），在欧盟境内建造一批单个功率达 100MW 的可再生氢电解设备。第二阶段（2025—2030 年）在继续加大可再生氢制备产能的基础上，建成多个名为“氢谷”（Hydrogen Valleys）的地区性制氢产业中心。第三阶段（2030—2050 年），重点是氢能在能源密集产业的大规模应用，典型代表是钢铁和物流行业。德国法国先后推出了自己的氢能战略。德国高度重视“绿色氢能源”，将氢视为德国能源转型成功的关键原材料，发布总投资 90 亿欧元的《国家氢能战略》，推出 38 项具体措施，涵盖氢的生产制造和应用等多个方面。法国计划到 2022 年投资 20 亿欧元、到 2030 年投资 70 亿欧元推动氢能生产与应用，包括大规模建设安装水电解装置、促进交通工具使用氢燃料电池等，旨在到 2030 年拥有 6.5GW 的电解槽产能，可生产绿氢 60 万 t，减排二氧化碳 600 万 t。欧盟国家的氢能战略已经获得业界的积极回应，一批代表性项目正加快落地进程。

挪威 Statkraft 公司已经宣布，将为德国建材公司海德堡水泥（Heidelberg Cement）和挪威公司 Felleskjøpet 通过其绿色航运项目建造的全球首艘氢动力零排放散货船提供绿色氢气。该公司已经公开宣布正谋求成为北欧地区领先的氢气生产商。壳牌公司已开始在德国莱茵的能源和化工园区运营欧洲最大的绿色氢电解槽，绿色氢气生产高达 1300t/a。

6.3 典型投资案例

（一）美国赫卡特能源开发北大西洋风电场

2021 年 5 月，美国赫卡特能源公司在英国的子公司赫卡特独立能源（Hecate Independent Power，HIP）计划投资 300 亿美元建设和开发位于冰岛近海的海上风电项目，为英国输送电力。这一电厂尚无并入冰岛电网的计划，电厂总装机容量为 10 000MW，每兆瓦的投资将为 300 万美元。HIP 大西洋海上风电项目计划安装 10GW 的固定和浮动风力发电机组，它将通过海底电缆为英国供电。该项目正争取获得冰岛能源主管部门的许可，此前尚无外国能源企业在冰岛海域内建设发电项目。

赫卡特独立能源是美国综合性能源企业，经营发电和电网两大业务板块。发电板块主要包括可再生能源发电和储能项目的规划、建设和运营。赫卡特电网是美国储能领域的一支新兴力量。该公司已与 InfraRed Capital 共同成立 120 多亿美元的基础设施投资基金，主要投资储能项目，目前拥有容量 126MW•h 的储能资产。

（二）法国电力公司投资英国塞兹维尔 C 核电站

2020 年 5 月，法国电力公司（EDF）宣布计划投资建设和开发位于英国萨福克海岸的塞兹韦尔 C（Sizewell C）核电站。项目总装机容量为 3200MW。发电厂的总成本预计在 17 亿至 18 亿英镑之间。每兆瓦投资约合 691 万美元。法国电力公司已向英国监管机构提交了建设该项目的申请。建设申请本拟 2020 年 3 月提交，但由于新冠肺炎疫情而推迟。规划过程可能需要 18 个月才能完成，政府将最终决定是否为该计划开绿灯。该项目将能够提供足够的电力，为大约 600 万户家庭供电，并创造 25 000 个就业机会，减排 900 万 t 二氧化碳。

法国电力公司（EDF）是负责全法国发、输、配电业务的国有企业，是全球范围内最大的供电服务商之一。其经营范围包括发电、输电、配电、能源供应、贸易、能源服务和其他相关服务。EDF 还进行油气勘探和生产、废物回收、天然气供应、提供能源和环境服务、管理供热和冷却网络、生产可再生能源和工业公用事业等各类业务。2020 年法国电力公司在世界 500 强排行榜中排名第 110 位。

（三）荷兰 ORIX 欧洲集团收购埃拉旺能源股份

2021 年 2 月，荷兰 ORIX 欧洲集团（ORIX Corporation Europe）同意收购可再生能源公司埃拉旺能源（Elawan Energy）80%的股份。该交易预计价值 10 亿美元。埃拉旺的创始人、Acek Renewables 和首席执行官 Dionisio Fernandez 将继续持有该公司 20%的股份。

ORIX 欧洲集团原名洛贝科集团（Robeco Groep），是 ORIX 集团的子公司，是一家资产管理服务提供商。该公司提供诸如股权、固定收益、投资解决方案、替代和多资产战略等服务，还提供信托管理、通货膨胀解决方案、负债匹配、多资产基金和结构化投资等投资解决方案以及另类投资。ORIX 欧洲集团总部位于荷兰鹿特丹。

埃拉旺能源是海斯坦普集团（Corporation Gestamp）的子公司，是一家可再生能源企业，核心业务在欧洲和美洲，目前拥有装机容量 714MW 的运营项目，包括蓬塔利马（Punta Lima）、彼得堡（Petersburg）、罗斯洛克（Roth Rock）、平水（Flat Water）在内的多个重要风电项目，并有装机容量 461MW 的运营项目在建。

7

美洲地区电力行业跨国投资分析

7.1 投资环境

7.1.1 宏观环境

从政治环境来看，限制碳排放将成为重要的政治议题。随着美国两党矛盾与中美竞争关系的加深，气候政策也将不可避免地服务于民主党的政治诉求。针对国内矛盾，限制碳排放可以打击共和党背后的石油、钢铁、有色等传统支持力量，扶持民主党背后的新能源等新兴产业。限制碳排放也在国际竞争中为美国自身发展打造护城河，为后发展国家增加压力和难度。碳减排已经成为国际竞争与合作中最重要的全球性议题之一。

从经济环境来看，美洲经济将会逐步恢复正常。随着新冠肺炎疫苗接种率的提升，疫情风险下降，经济前景改善，刺激政策退出，将会带动美国就业。根据国际货币基金组织（IMF）预测，2021 年美国实际 GDP 增速将会达到 7%，实现数十年来最快增长，可能更多的资本流入美国。拉丁美洲经济同样出现回暖，7 月 IMF 预测 2021 年拉丁美洲和加勒比地区经济增长 5.8%，较 4 月预测上调 1.2 个百分点，上调增速主要是因巴西和墨西哥经济预期改善。不过长期来看，拉丁美洲（简称拉美）地区经济仍存在风险。拉美地区公共债务占 GDP 比重已高达 56.3%，拉美国家面临外债负担重、投资不振、就业不足和环境恶化等长期风险，经济复苏将受贫困、经济结构单一等深层问题挑战。联合国拉丁美洲和加勒比经济委员会（简称拉加经委会）预测，2022 年拉美地区经济预计增长 2.9%，增速较 2021 年有所放缓，或难以摆脱疫情前的低增长态势，结构性问题将继续拖累拉美经济增长。

7.1.2 行业发展

北美地区电源增量投资基本来源于可再生能源。北美地区的主要电源依然是火电，但总装机容量增长几乎停滞，2020—2026 年间年均增长为-0.07%。光伏发电和风电装机容量则将迅速增长，2020—2026 年间年均增速分别为 16.58%和 7.34%。水电装机容量小幅增长，年均增长 0.45%。去核电则将延续，核电装机容量在 2020—2026 年间年均增速为-2.14%。预计到 2026 年，风光装机容量与总装机容量之比将从 2020 年的 16.3%升至 2026 年的 27.62%，如图 7-1 所示。

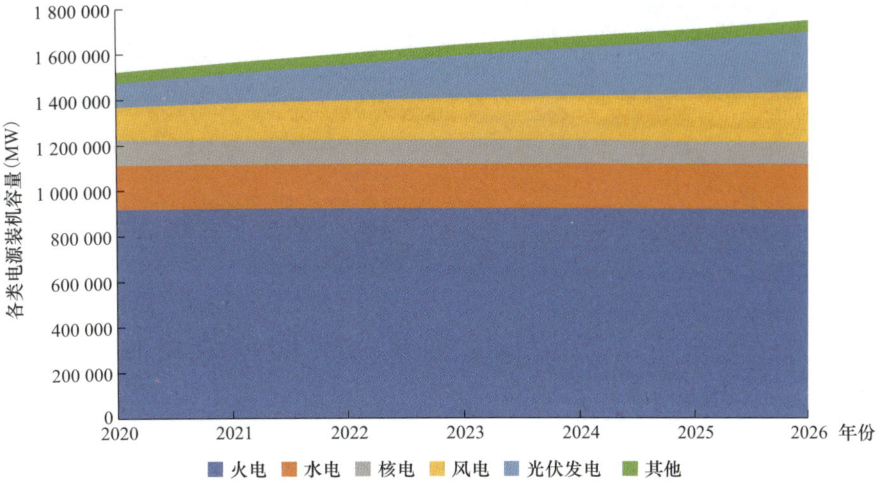

图 7-1 2020—2026 年北美国家各类电源装机容量

资料来源：GlobalData。

拉美地区传统能源与新能源增量投资均有空间，但后者增速明显快于前者。水电仍将是拉美地区最主要的电源，2020—2026 年间装机容量年均增长 1.03%，但受自然资源禀赋限制，增速不如火电。火电装机容量在 2020—2026 年间年均增长 1.11%，2026 年总装机容量将接近水电。风电、光伏发电装机容量增长均十分迅速，2020—2026 年间年均增长将达到 11.71%和 20.23%，但相比火电和水电的差距仍较大。核电装机容量则将几乎不变，见图 7-2。

拉美各国电网投资空间较大，北美电网规模则保持稳定。加拿大、美国两国的输配电网已经比较完善，建设需求主要来自新能源发电并网等方面，

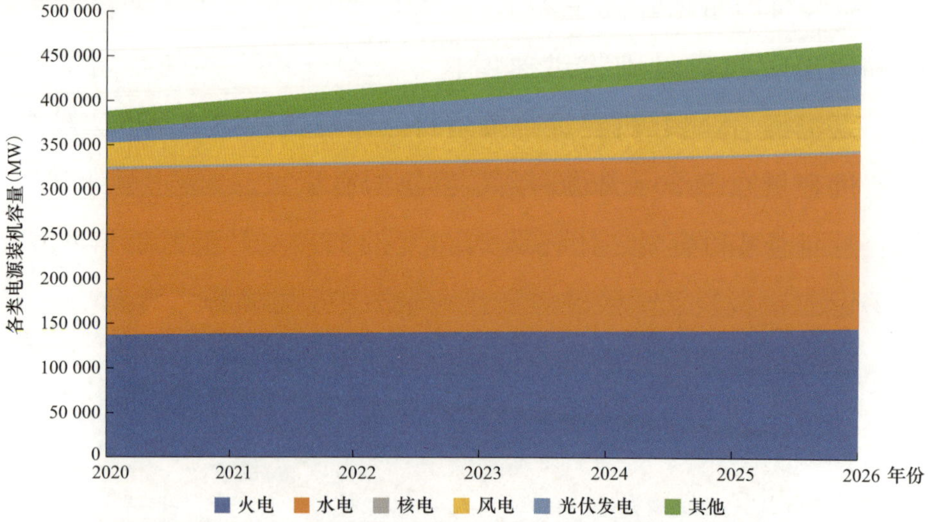

图 7-2 2020—2026 年拉美国家各类电源装机容量

资料来源：GlobalData。

总体需求不大。2020—2026 年间，加拿大输配电线路长度年均增速为 1.92%，美国年均增速仅为 0.7%。拉美各国则处在经济快速发展、电力需求增长与能源清洁转型的叠加期，电网扩张速度相对较快。2020—2025 年间，拉美输配电线路长度增长最快的国家将是智利，年均增长 3.95%，5 年间增长近三分之一。区内最大的经济体巴西输配电线路长度将年均增长 2.99%，总长度将超越加拿大。阿根廷、哥伦比亚、墨西哥等国输配电线路的年均增速也超过 2%，见表 7-1。

表 7-1　2020 年和 2025 年美洲主要国家输配电线路长度及年均增速预测

国　家	输配电线路长度（km）		年均增速
	2020 年	2025 年	
加拿大	169 320	186 253	1.92%
美国	672 898	696 846	0.7%
阿根廷	35 062	37 152	1.16%
巴西	162 700	188 566	2.99%
智利	35 894	43 575	3.95%

续表

国家	输配电线路长度（km）		年均增速
	2020 年	2025 年	
哥伦比亚	26 311	27 418	0.83%
墨西哥	110 387	118 940	1.5%
秘鲁	28 628	31 841	2.15%

资料来源：GlobalData。

7.2 投资最新进展

7.2.1 投资概况

（一）投资目的地

北美洲全年电力行业投资额为 3206.12 亿美元，是全球电力行业年度交易额最高的地区，美国和加拿大电力投资较为活跃。拉丁美洲全年电力行业投资额为 448.33 亿美元，仅高于非洲与中东地区，巴西、智利、墨西哥、秘鲁和哥伦比亚电力投资较为活跃。2020 年，美国仍是北美电力行业第一大投资目的地。美国全年交易 1230 宗，总交易额为 2965.05 亿美元。加拿大全年交易 195 宗，总交易额为 242.26 亿美元。拉美地区的第一大投资目的地为巴西，全年交易 104 宗，总交易额 227.98 亿美元。第二大投资目的地为智利，全年交易额 180.49 亿美元。墨西哥、秘鲁、哥伦比亚与阿根廷的全年交易额均超过 40 亿美元。

（二）投资领域

输配电、化石燃料发电、太阳能光伏发电是北美电力投资最主要的领域。2020 年，北美电力行业交易额最高的领域为输配电，见图 7-3。输配电全年交易共有 433 宗，总交易额 2214.31 亿美元，相比 2019 年下降 4.66%。交易额位居第二的化石燃料发电交易额则为 1671.03 亿美元，下降 13.97%。交易额位居第三的风电全年交易 291 宗，交易额达 1429.43 亿美元，较上一年度下降 28.27%。太阳能发电交易额则下降 9.69%，为 1570.06 亿美元。其他交易额较高的投资领域还有水电（1117.06 亿美元）、核电（1062.31 亿美元）和生物质发电（501.69 亿美元）等。受新冠肺炎疫情影响，生物质发电领域的交易额下降了 56.93%，为 501.69 亿美元；能效领域的交易额下降了 75.98%，为 226.2 亿美元；光热发电领域的交易额下降了 81.47%，为 138.02 亿美元。

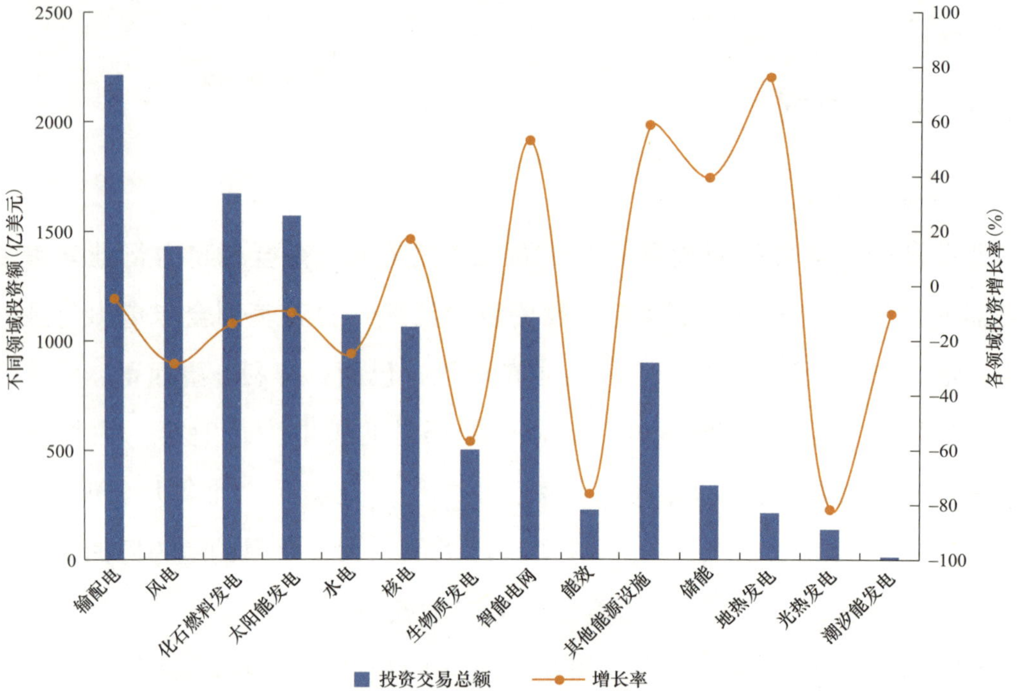

图 7-3　2020 年北美电力行业各领域交易额与增长率

资料来源：GlobalData。

太阳能光伏发电、输配电和水电为拉美电力投资最主要的领域。2020 年，拉美电力行业交易额最高的领域为太阳能发电，全年交易 160 宗，交易额 221.29 亿美元，见图 7-4。排名第二的领域是输配电，全年交易 47 宗，交易额下降 29.20%，为 206.69 亿美元。排名第三的是水电，全年交易 41 宗，交易额下降 13.65%，为 164.42 亿美元。另外，风电和化石燃料发电的交易额分别为 139.05 亿美元和 117.14 亿美元。拉美电力行业多个领域交易额基本都出现不同程度的下降，如储能、地热发电领域，交易额都直接降至 0。但是太阳能发电、生物质发电、智能电网等领域仍然保持了增长的态势，增长率分别为 25.86%、16.20%、72.98%。

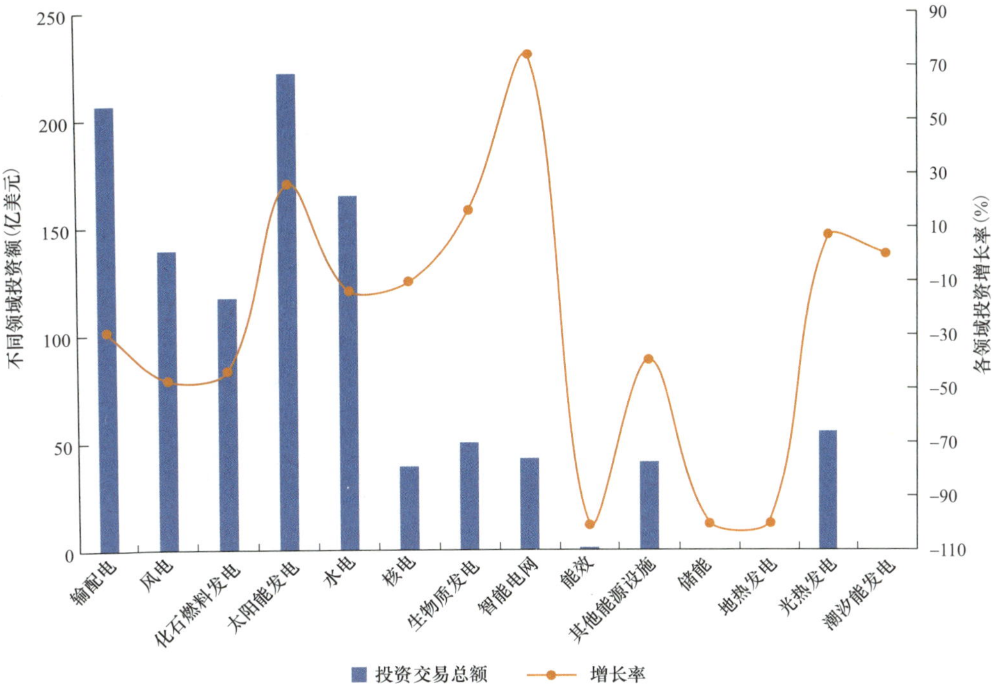

图 7-4 2020 年拉美电力行业各领域投资交易额与增长率

资料来源：GlobalData。

（三）投资模式

北美洲的主要交易模式为债务融资、资产交易和股权融资。2020 年，北美电力行业共发生各类交易 1423 宗，总交易额 3206.12 亿美元。北美电力行业投资交易的主要模式为债务融资、资产交易和股权融资，见图 7-5。其中，债务融资共 255 宗，总交易额 1413.17 亿美元；资产交易共 377 宗，总交易额 394.84 亿美元；股权融资共 189 宗，总交易额 25.97 亿美元。三类主要模式的交易额除债务融资以外，资产交易和股权融资都相较 2019 年处于下降的态势。尤其是股权融资，下降 94.15%。债务融资交易额的上升以及股权融资交易额的下降，说明新冠肺炎疫情发生以后，北美电力市场的投资愈发谨慎。

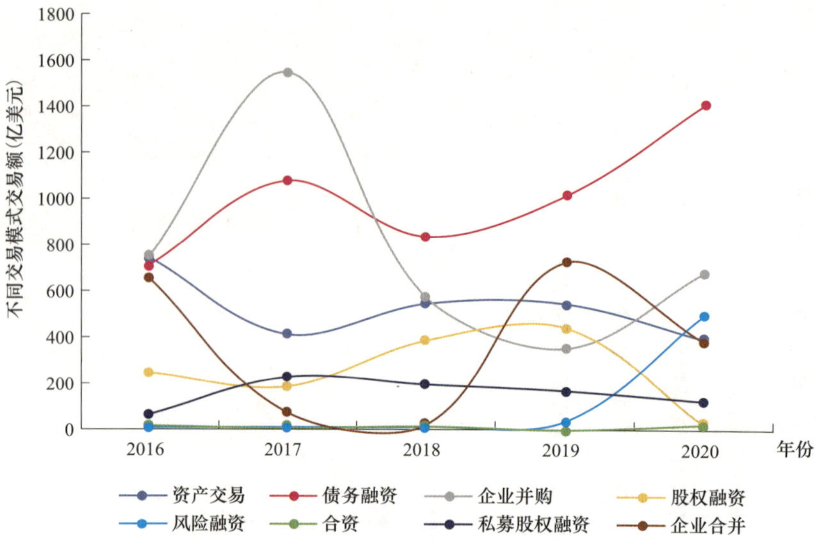

图 7-5　2016—2020 年北美电力行业各类投资交易额

资料来源：GlobalData。

在存量基础设施相对缺乏的拉丁美洲，资产交易是电力行业最主要的交易模式。2020 年，拉美电力行业共发生各类投资交易 273 宗，总交易额 448.33 亿美元。在存量基础设施相对缺乏的拉美地区，包括绿地投资在内的资产交易是电力行业最主要的交易模式，全年交易 183 宗，交易额 217.95 亿美元，见图 7-6。债务融资为第二大交易模式，全年交易 31 宗，交易额 96.02 亿美元。风险融资和企业并购也是较为主要的交易模式，全年交易额分别为 36.39 亿美元和 80.76 亿美元。受新冠肺炎疫情冲击影响，各类投资交易额均有所下降。

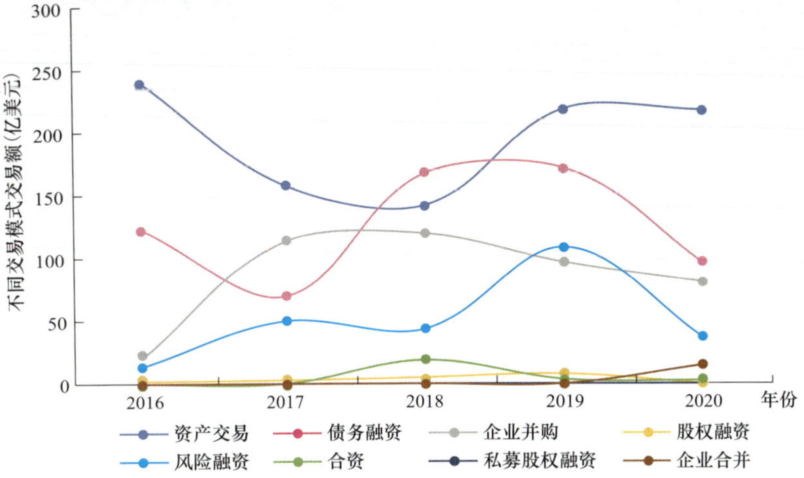

图 7-6 2016—2020 年拉美电力行业各类投资交易额（亿美元）

资料来源：GlobalData。

7.2.2 重要趋势

（一）北美可再生能源发展是大势所趋

在美国民主党执政与新冠肺炎疫情危机的双重影响下，北美的新能源行业加速发展。首先是疫情引发的危机极大地冲击了各能源公司，这些能源公司的资产负债表质量更加脆弱，迫使这些公司对投资计划重新考量，其影响可能会持续到 2021 年以后。根据 IEA《世界能源展望 2021》，由疫情引发的危机加速了老旧技术设备的淘汰，同时提升了消费者对新能源的依赖。其中，有三类公司在这次危机中受到的打击更加严重，分别是北美的中小型页岩油气公司、严重依赖化石燃料收入的国家石油公司以及资本支出受到削减的服务公司。而这三类公司在美洲能源结构中都占有重要的地位。

在民主党执政期间，美国可再生能源投资规模有望迅速扩大。根据 GlobalData，2020 年正式宣布的电力投资中，对风能、太阳能等可再生能源领域的交易规模约为对化石能源领域交易规模的四到五倍。此外，智能电网、输配电、储能、发电能效等基础设施建设领域也是重点交易领域之一。

（二）拉美清洁能源投资正当时

虽然新冠肺炎疫情逐渐得到控制，但拉丁美洲的经济已经遭到重创。根据联合国拉加经委会数据，2020 年拉美经济将下滑 9.1%，人均 GDP 倒退到 2010 年水平，成为拉丁美洲版“失去的十年”。不过，在中美大国博弈带来的负面影响和新冠肺炎疫情肆虐叠加的危机下，拉美地区清洁能源投资的机遇也在逐渐显现。拉美借助良好的资源条件，已经成为世界可再生能源投资第二大目的地，仅次于欧洲。

为应对疫情的不利影响，拉美多国纷纷出台和更新绿色能源产业支持政策。2021 年 2 月，智利通过《能源效率法》，规定大型企业必须建立相应能源管理系统，新建住宅须有能效标签，并鼓励推广电动汽车应用。巴西国会计划推出一项法案，对满足条件的绿色能源企业减免部分进口生产设备和零配件关税。根据巴西国家能源局的数据，到 2035 年，巴西电力产业总投资规模将超过 300 亿美元，其中 70%的投资用于太阳能光伏发电、风电、生物质发电以及海洋能发电等可再生能源发电技术。哥伦比亚政府制订“清洁增长”计划，将太阳能发电和风电的总体装机容量从 2018 年的不足 50MW 提升至 2022 年的 2500MW。哥伦比亚政府提出 27 个战略性可再生能源和输电项目，总计投资超过 16 万亿比索（约合 45.4 亿美元）。此外，随着电动汽车的到来以及天然气汽车消费的增加，该国将在 2050 年实现液体燃料、柴油和汽油需求减少 20%的目标。

2020 年拉美地区清洁能源交易活跃，例如：美国 Rise Fund 以 70 亿美元从中国天合光能手中收购了其位于智利、哥伦比亚、墨西哥、西班牙的光伏发电项目；爱尔兰 Mainstream Renewable Power 公司为其位于智利的 Andes Renovables 风电光伏发电项目完成了 62 亿美元的二轮融资。2020 年美洲电力行业典型投资简况见表 7 - 2。

表 7-2　　2020 年美洲电力行业典型投资简况

时间	被收购方/投资地	收购方/投资方	交易额（亿美元）	交易方式	业务领域
2020 年 1 月	Anixter（美国）	WESCO（美国）	4.52	企业并购	输配电
2020 年 1 月	TerraForm Power（美国）	Brookfield Renewable Partners（加拿大）	1.30	企业并购	风电，光伏发电
2020 年 2 月	NextEra Energy（美国）	匿名投资者	2.5	股权融资	风电，光伏发电
2020 年 3 月	Consolidated Edison Company of New York（美国）	匿名投资者	1.6	债务融资	输配电
2020 年 3 月	Exelon Corp（美国）	Brookfield Renewable Partners（加拿大）	1.25	债务融资	核电
2020 年 6 月	PG&E Corp（美国）	匿名投资者	102.5	债务融资	输配电
2020 年 6 月	Impact Solar 1，LLC（美国）	Banc of America Securities LLC（Inactive）（美国）	3.58	企业并购	光伏发电
2020 年 6 月	AES Tiete Energia SA（巴西）	Eneva SA（巴西）	14.58	企业并购	风电，光伏发电
2020 年 7 月	Algonquin Power & Utilities Corp（加拿大）	匿名投资者	2.58	股权融资	风电，光伏发电
2020 年 8 月	Enel Americas SA（智利）	Enel SpA（意大利）	3.24	企业并购	风电，光伏发电、地热发电、水电
2020 年 9 月	Infraestructura Energetica Nova SAB de CV（墨西哥）	匿名投资者	8	债务融资	天然气发电

续表

时间	被收购方/投资地	收购方/投资方	交易额（亿美元）	交易方式	业务领域
2020年10月	Proterra Inc（美国）	Cowen Sustainable Advisors；Broadscale Group；Soros Fund Management LLC；Generation Investment Management U. S. LLP（美国）	2	私募股权融资	新能源汽车
2020年11月	Compania General de Electricidad SA（智利）	State Grid International Development Limited（中国）	48.82	企业并购	输配电
2020年12月	Edenor SA（阿根廷）	匿名投资者；Integra Capital SA（阿根廷）	1	私募股权融资	输配电

注 根据资料整理。

7.3 典型投资案例

（一）加拿大BEP收购美国TerraForm Power

2020年1月11日，加拿大Brookfield Renewable Partners LP（BEP）发布公告称以36.86亿美元收购美国TerraForm Power Inc 38%的股份，而此前BEP已经拥有TerraForm Power Inc 62%的股份。收购完成以后，TerraForm Power Inc将从纳斯达克退市。

收购标的美国TerraForm Power公司是一家主营发电业务的能源发展公司。该公司通过风能、地热能、混合能源等途径生产清洁电能，其项目在美洲、欧洲都有所分布，如位于美国的Regulus Solar、River Mountains Solar、Summit Solar、位于智利的CAP项目、位于西班牙的Monte Gordo、位于加拿大的 SunE Perpetual Lindsay 项目。

BEP 是 Brookfield 资产管理有限合伙人机制的一部分，主要投资可再生能源领域。截至 2017 年年底，Brookfield Renewable 拥有超过 200 座水电站、100 座风力发电场、550 处光伏电站以及 4 处储能电站，拥有大约 16 400MW 装机容量。

（二）美国黑石投资美国阿特拉斯能源公司

2020 年 1 月 14 日，美国黑石发布公告，宣布投资美国阿特拉斯能源公司（Altus Power America）8.5 亿美元。具体方式是通过黑石附属机构 GSO（GSO Capital Partners LP）与 BIS（Blackstone Insurance Solutions）收购阿特拉斯能源公司的少数股权，为现有资本结构再融资并为未来发展提供资金。

黑石是全球性投资公司，主要提供资产管理以及资本市场服务。它主要关注的领域包括少数股权投资、房地产投资、二级市场投资以及混合资产投资等，在美洲、欧洲、亚洲、大洋洲等地区都有非常活跃的表现。

美国阿特拉斯能源公司创立于 2009 年，主营业务领域是光伏发电、储能以及太阳能充电站。截至 2020 年年底，Altus 已经在全美拥有超过 200 座分布式光伏发电场，共计超过 279MW 的装机容量。

8

亚洲与大洋洲主要地区电力行业跨国投资分析[1]

❶ 本章根据 GlobalData 数据库划分方式，将大洋洲和除中东以外的亚洲区域划入同一地区。

8.1 投资环境

8.1.1 宏观环境

从政治环境来看，近期区内部分国家政治社会稳定将受到严峻挑战。塔利班夺取阿富汗政权，构成了这一地区短期内最大的不稳定因素。该国的动荡局势有向邻国扩散的可能，将使恐怖主义和非法毒品贸易的威胁进一步加剧，并危及中亚邻近地区。在东南亚地区，新冠肺炎疫情持续反弹，并引发经济严重下滑，已引发了一定程度的政治不稳定。2021 年 8 月，穆希丁辞去总理职务，成为马来西亚史上在任时间最短的总理。印度尼西亚总统佐科的支持率也降至新低。长期存在的印巴冲突等热点问题依然未得到化解，前所未有的新冠肺炎疫情更考验着各国政府的执政能力。近期内，区内安全形势仍有不可忽视的不确定性。

从经济环境来看，区内各国受疫情影响较为严重。疫情反弹导致的一系列防控措施对人员往来和物资流动形成阻碍，阻断供应链的正常运作，对区内经济造成重创。人口众多、经济落后的南亚、东南亚发展中国家受疫情冲击更为严重。日本、韩国等国在解封后出现疫情反弹，导致防控面临的局面进一步复杂化。在最新的亚洲经济展望报告中，亚洲开发银行（简称亚行）下调 2021 年亚洲经济的 GDP 增速。亚行预测，2021 年，亚洲经济体 GDP 增速或只有 7.2%（此前预测为 7.3%）。印度尼西亚、马来西亚、泰国、越南、印度等国的 GDP 增速预期都被下调。高盛将印度尼西亚 2021 年的经济增长预期从此前的 5%下调到 3.4%，将马来西亚的增长预期从 6.2%下调到 4.9%，将菲律宾的增长预期从 5.8%调至 4.4%。该机构对新加坡和泰国增长预期下调幅度较小，分别从 7.1%降至 6.8%、2.1%降为 1.4%。当前，德尔塔变种病毒导致的疫情蔓延在区内仍未见顶，未来对各国经济的预测尚难估计，区内经济有可能面临一个更为艰难的时期。

8.1.2 行业发展

可再生能源是区内电源增量投资的主要来源。火电仍将是该地区的主力电源，2020—2025 年间年均增速为 1.96%，但占总装机容量的比例将从 2019 年的 63.19%降至 2025 年的 56.88%。水电年均增速为 1.85%，但在总装机容量中的比例亦将有所下降，从 2019 年的 12.86%降至 2025 年的 11.53%。光伏发电和风电装机容量年均增速为 13.41%和 13.51%，占总装机容量的比例将从 2019 年的 12.36%和 4.49%升至 17.88%和 6.96%。核电总装机容量则将基本保持稳定，见图 8 - 1。

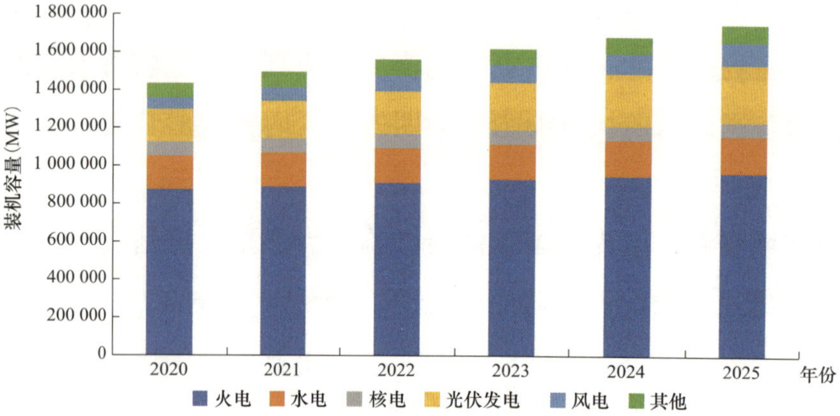

图 8 - 1　2020—2025 年亚洲与大洋洲主要地区各类电源装机容量

资料来源：GlobalData。

经济快速发展的南亚与东南亚地区将带动区内输配电投资上涨。印度输配电线路总长度将从 2020 年的 69.79 万 km 升至 2025 年的 85.15 万 km，遥遥领先区内的其他国家和地区，年均增速高达 4.06%。输配电线路总长度分居区内第二和第三位的日本、沙特阿拉伯增速较慢，年均增速为 0.31%和 1.97%。印度尼西亚、巴基斯坦、越南和菲律宾等发展中经济体输配电线路总长亦将保持较快增速，其中越南 2019—2025 年间年均增速高达 5.91%，领先区内各国。

澳大利亚、韩国、中国台湾等发达经济体的输配电线路长度增速则相对较慢，见表8-1。

表8-1 2020年和2025年亚洲与大洋洲主要地区经济体输配电线路长度及增长率预测

经济体	输配电线路长度（km）		年均增长率
	2020年	2025年	
印度	697 922.095	851 514	4.06%
日本	180 356.377	183 191	0.31%
印度尼西亚	57 760.163 2	66 364	2.82%
巴基斯坦	54 907.472 4	64 453	3.26%
澳大利亚	54 470.864	58 274	1.36%
越南	30 227.773 1	40 272	5.91%
韩国	34 989.9	37 131	1.20%
菲律宾	20 632.2	23 624	2.75%
中国台湾	18 344.215	19 884	1.63%

资料来源：GlobalData。

亚洲与大洋洲各国的电力体制存在很大差别，但转向开放的趋势明显。大洋洲的澳大利亚和新西兰已经基本建成较为完善的电力市场体系。相比之下，亚洲国家的电力体制改革较为滞后，但大部分亚洲国家都在积极推进电力改革。如日本正推动进一步打破电网区域垄断体制，完全放开发电侧和售电侧，彻底完成电力行业各个环节的分离。一些国家近年来也取得了不少进展。巴基斯坦虽未实现输配电环节开放，但鼓励私人企业进入发电环节，电力交易的市场化水平也在逐步提高。印度尼西亚的电力生产和输送主要由印度尼西亚电力公司控制，但政府近年来一直推动各环节的开放。越南宣布将对国有的越南电力集团实施拆分，在发电领域引入更多竞争。缅甸于2008年启动电力改革之后，私营领域投资不断上升，于2017年已与国营投资持平。未来一段时间内，预计亚洲各国将促进发电环节更大规模开放，以引入外国资本进入本国电力行业；同时，部分国家也将尝试放开配电、售电环节，建立一系列电力市场化交易机制，以营造富有吸引力的市场环境。

8.2 投资最新进展

8.2.1 投资概况

（一）投资目的地

亚洲与大洋洲主要地区 2020 年全年电力行业投资额为 1998.19 亿美元，是全球电力行业年度交易额第三位的地区，次于欧洲和北美洲。从投资目的地来看，印度仍远超其他主要国家，成为区内最主要的电力行业投资目的地。印度全年交易 234 宗，总交易额 514.9 亿美元。韩国、日本超越澳大利亚成为第二、第三大投资目的地，投资额逆势上升，分别为 191.22 亿美元和 182.41 亿美元。澳大利亚全年投资额大幅下跌 42.9%，跌至 141.19 亿美元。区内其他投资额超过百亿美元的国家还有越南（127.76 亿美元）和印度尼西亚（108.25 亿美元）。2016—2020 年亚洲与大洋洲主要地区部分主要国家电力行业投资额可见图 8-2。

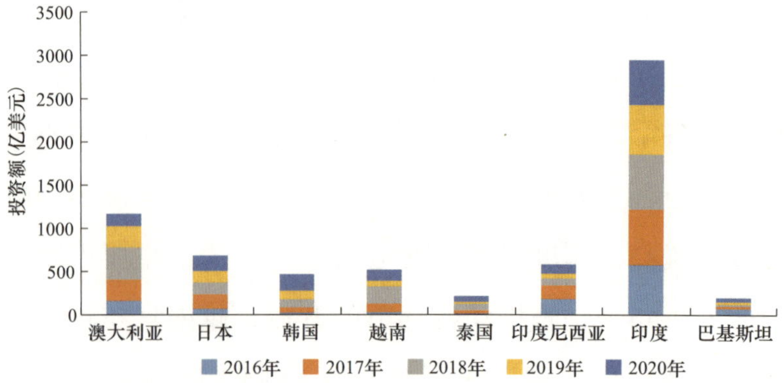

图 8-2 2016—2020 年亚洲与大洋洲主要地区部分国家电力行业投资额

资料来源：GlobalData。

（二）投资领域

2020年，亚洲与大洋洲主要地区电力行业交易额最高的领域为输配电和光伏发电。2020年该地区电力行业各领域投资额见图8-3。输配电领域全年交易343宗，交易额增长50.15%，达到783.26亿美元。排名第二的光伏发电全年交易497宗，交易额下滑9.52%，达到741.07亿美元。化石燃料发电和风电的交易额分别为595.91亿美元和586.85亿美元，下跌25.08%和17.78%。水电投资额为406.47亿美元，大跌35.94%。受疫情影响，其他领域投资也普遍出现两位数大幅下跌，仅储能跌幅较小，潮汐发电略有上涨。

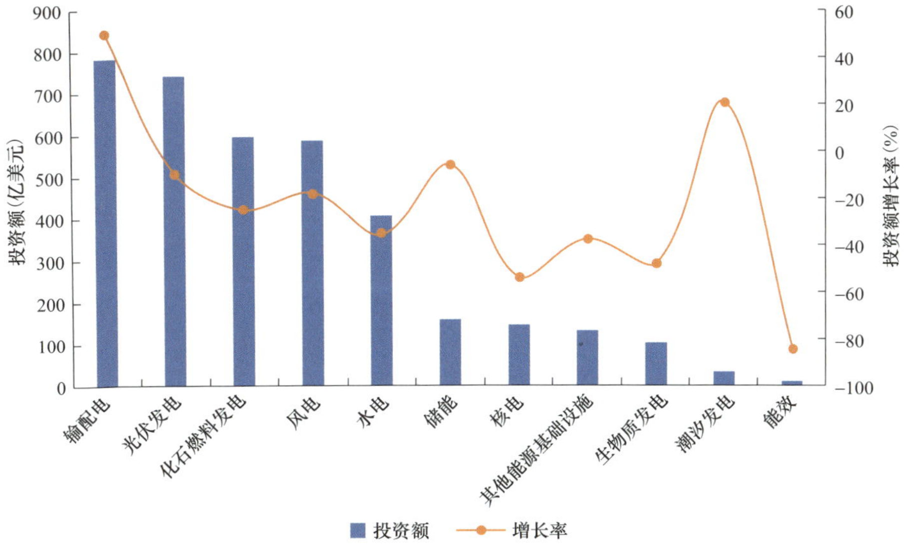

图8-3　2020年亚洲与大洋洲主要地区电力行业各领域投资交易额与增长率

资料来源：GlobalData。

（三）投资模式

亚洲与大洋洲主要地区电力行业投资的主要模式为债务融资、资产交易和股权融资。2020年该地区电力行业各种投资模式投资额具体见图8-4。2020年，区内电力行业共发生各类交易1288宗，总交易额1998.19亿美元，其中债务融资273宗，总交易额751.31亿美元；资产交易288宗，总交易额517.83亿美元；股权融资142宗，总交易额280.61亿美元。2020年区内电力行业资产交易的规模大幅缩窄，而债务融资、股权融资的规模则稳中有升，这表示新冠肺炎疫情对区内电力企业造成较大经营压力，企业必须扩大融资规模。

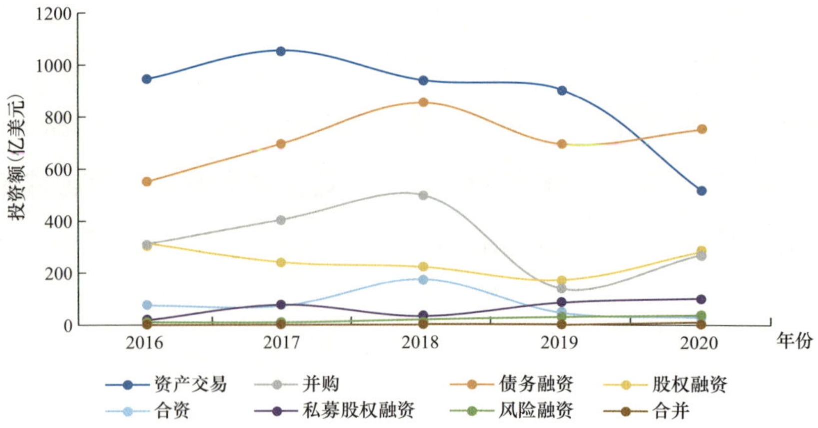

图 8-4　2016—2020 年亚洲与大洋洲主要地区电力行业各模式投资交易额

资料来源：GlobalData。

8.2.2　重要趋势

（一）亚洲金融机构缩减煤电融资

亚洲是全球煤电存量和增量最多的地区。国际能源署预估，2021 年全球煤炭需求将增长 4.5%，而亚洲将占其中 80%。因此，亚洲的能源转型对全世界极为重要。美国和欧洲的金融机构基本上已不再为新建火力发电厂提供融资，而亚洲的金融机构仍为新煤电项目提供大量资金。但近几个月来，亚洲金融机构正通过撤出对煤电项目的资金支持推动这一地区转向清洁能源。

在亚洲开发银行的推动下，花旗、汇丰、保诚、贝莱德等企业正计划加快亚洲脱碳的速度。亚洲开发银行计划创建公私合作伙伴关系，收购亚洲的燃煤发电厂，让电厂提早在 15 年内退役，电厂员工有更多时间退休或转岗，同时也帮助各国向可再生能源过渡。亚洲开发银行还计划成立另一个用于投资再生能源、储能系统的计划。截至 2021 年 5 月，日本第一生命保险、三井住友金融集团、丸红株式会社、三井物产、三菱商事、瑞穗金融集团等大型金融企业都已宣布，将结束对煤电项目的贷款或融资。韩国总统文在寅 2021 年 4 月宣布，韩国将终止对海外建设煤电厂的公共投资支持。韩国贸易保险公司、韩国电力公司均表示未来不会再投资新的燃煤电厂，韩国开发银行表示如果政府没有新的海外煤电投资计划，他们也不会再提供新的煤电融资。相比之下，私营企业和融资机构的表现更为明确。韩国五大金融集团（国民、友利、农协、新韩、韩亚）都已明确将停止为新的煤电项目融资，而三星、韩华等大型民营企业集团旗下金融投资机构，也公开承诺不再提供煤电融资。7 月中旬，中国生态环境部和商务部联合发布了《对外投资合作绿色发展工作指引》，要求企业在项目评估中纳入气候因素，如减少碳排放。

（二）海上风电市场快速增长

亚洲的海上风电市场预计将在未来十年中快速增长，其中中国台湾地区预计将新增装机 10.5GW，韩国为 7.9GW，日本为 7.4GW，越南为 5.2GW。根据行业机构统计的在建项目数据，预计到 2030 年，亚洲海上风电装机量很可能达到 126GW，远高于欧洲国家目前计划的 78GW。而业内预测，到 2050 年，亚洲海上风电装机量将达到 613GW，欧洲海上风电装机预计为 215GW，北美地区则为 164GW。油气巨头道达尔和麦格里计划在韩国开发 2GW 浮式风电，这也是规划中的全球最大浮式海上风电项目。双方将以 50∶50 的股权比例设立合资公司，在韩国东部及南部的蔚山、全罗南道附近海域开发五座浮式海上风场。这是道达尔这家油气公司迄今为止对外宣布的最大一笔海上风电投资项目，也是在亚洲地区的首个海上风电投资项目。2020 年 12 月，加拿大魁北克储蓄投资集团（Caisse de depot et placement du Quebec）和国泰证券投资信托公司宣布将从丹麦沃旭能源（Ørsted）处购买中国台湾大彰化 1 号海上风电场 50%的股权。韩国国家石油公司（KNOC）、韩国东西电力公司（EWP）和 Equinor 将投资 1.4 万亿韩元建设和开发位于韩国蔚山的东海 1 号浮动风电场，总装机容量为 200 MW。

区内虽有比较完善的海洋工程装备体系，但海上风电的经验相对缺乏。各国正加大对海上风电技术创新的支持力度，并出台针对海上风电的补贴政策、财税政策，推动海上风电实现平价化可持续发展。如 2020 年 6 月，日本首次启动浮式海上风电招标，并提供上网电价补贴。韩国则通过优化项目审批程序、简化大型海上风电项目选址、优先获得高比例可再生能源证书等鼓励措施发展海上风电。

（三）区内国家推进电网建设

在南亚，印度是电网投资最密集的区域之一。该国内电网资产交易也十分活跃。2020 年，印度电网信托公司（IndiGrid）以 462.5 亿卢比（6.349 5 亿美元）的价格从斯特里特电力公司处收购了 NER - II 输电有限公司（NER - II）。阿达尼输电有限公司以 337 亿卢比的企业价值从埃塞尔公司（Essel）处收购了建设中的 765 kV 瓦罗拉—库努尔（Warora - Kurnool）输电线路。

在东南亚，各国政府大力推动电网建设。2020 年 9 月，中国南方电网有限责任公司（简称中国南方电网公司）与老挝国家电力公司日前在老挝首都万象签署股东协议，由中国南方电网公司和老挝国家电力公司共同出资组建老挝国家输电网公司。这标志着中老两国在输电网领域开展互利共赢合作迈出实质性步伐，中国企业将负责建设老挝 230kV 及以上等级电网。

2020 年 2 月，环孟加拉湾多领域经济技术合作倡议组织在能源大会上宣布，将建设总长 5000mile 的输电线路，连接泰国、缅甸、印度 3 国，以解决区内国家的用电问题。亚洲开发银行和亚洲基础设施投资银行已经表达了投资意向。

尽管澳大利亚电力投资年内有所放缓，但仍有多个与新能源送出密切相关的项目成功投产。如 Genex 电力有限公司已完成 1.47 亿澳元的项目融资，用于在澳大利亚昆士兰建设和开发 275 kV 输电项目，连接拟建的 250 MW Kidston 抽水蓄能项目。该项目将成为北昆士兰可再生能源区（North Queensland Renewable Energy Zone，REZ）的一部分。

8.3 典型投资案例

(一) 日本欧力士注资印度格林科

印度可再生能源开发商和电力生产商Greenko公司2020年9月表示，获得日本欧力士公司（ORIX Corporation）的投资。欧力士公司将投资9.8亿美元以上，收购Greenko公司20%以上的股票。此次投资将通过一级和二级市场相结合的方式进行，这也将是迄今为止印度可再生能源领域最大的一笔外国投资。

Greenko公司总部位于海得拉巴，是印度两大可再生能源运营商之一。在接管欧力士公司在印度的发电资产后，该公司拥有的可再生能源装机容量将超过6.9GW。并且正在建设中的容量超过8GW。在交易完成后，Greenko公司的市值约为57.5亿美元，该公司的现有投资者还包括新加坡政府投资公司（GIC）和阿布扎比投资局（ADIA）的子公司。Greenko公司表示，本次交易将进一步推动Greenko公司的整体收益增长，为印度能源市场提供更多具有成本竞争力的可再生能源。

欧力士成立于1964年，是日本最大的非银行金融机构和最大的综合金融服务集团，在世界27个国家和地区经营保险、信托银行、证券、消费者金融、投资银行、房地产金融等业务，总资产达到852亿美元。该公司最初是一家金融服务公司，但其业务如今涉及可再生能源项目开发和资产管理等多个领域，在印度拥有总装机容量为873MW的风力发电资产。在交易完成后，这些资产将并入Greenko公司的投资组合。欧力士公司表示，与Greenko公司的合作对该公司加快为建立可持续发展社会作出贡献的企业战略来说，是重要的一步。

(二) 加拿大魁北克储蓄投资集团购买中国台湾大彰化1号发电场股权

2020年12月，加拿大魁北克储蓄投资集团（Caisse de depot et placement du Quebec）和国泰证券投资信托公司宣布将从丹麦沃旭能源（Ørsted）处购买中国台湾大彰化1号海上风电场50%的股权。该风电场的总装机容量为650MW，预计将于2022年完工。作为协议的一部分，沃旭能源将继续根据EPC合同建造大彰化1号海上风电场。该交易的总价值约为75亿新台币，将于2021年和2022年支付。

魁北克储蓄投资集团是一家在国际市场享有广泛声望的投资者，是加拿大魁北克省公共养老金及保险金管理者，受到魁北克省财政部的间接管控。它是北美第三大机构投资者，全球最大的养老基金之一。该集团是全球4000多家企业的股东和战略投资者，1966—2020年年化收益达到8%以上，该公司的总部位于魁北克省魁北克城，主要业务在蒙特利尔进行。该公司在加拿大、美国、欧洲、新兴市场均有大量投资。

丹麦沃旭能源是全球最大离岸风电商，且横跨供应链所有环节，拥有从风场开发、兴建、运维到设备回收的全套丰富经验。沃旭能源的业务分为四个项目，其中最主要的风电业务占集团业务的83%。自1991年在丹麦兴建全球第一座离岸风电场以来，沃旭兴建的离岸风电场的总装机容量，已经超过全球四分之一。

（三）韩国斗山公司与西部电力投资老挝水电站

韩国斗山重工建设有限公司（DHIC）（简称韩国斗山公司）和韩国西部电力有限公司（简称韩国西部电力公司）已同意投资24亿美元建设位于老挝南部尚帕萨克省（Champasak）帕克斯（Pakse）的坡诺（Phou Ngoy）水电站。该发电厂的总装机容量为728MW，每兆瓦投资约合320万美元。泰国查鲁恩能源水利（Charoen Energy and Water Asia，CEWA）最初与老挝政府签署了开发坡诺项目的协议，此后，该项目一直与韩国西部电力公司（Korea Western Power）共同执行。2020年8月，双方与韩国海外基础设施和城市发展公司（KIND）签订了三方投资协议。该项目为EPC项目，斗山公司负责主要设备的供应和施工工作。从2021年1月开始，韩国西部电力公司和韩国斗山公司将联合进行现场勘测，之后将对该项目进行基础工程。工厂建设将于2022年开始，并于2029年完成。

韩国斗山集团（DOOSAN）目前是韩国最大的财团之一，公司成立于1896年，至今已有124年的发展历史，是韩国最早的近代企业之一。斗山集团旗下拥有斗山Infracore、斗山重工业建设有限公司、斗山发动机、斗山产业开发等20多家子公司，在38个国家开展业务，员工总数达36 400余人，年销售额超过180亿美元。

韩国西部电力有限公司（KOWEPO）是韩国电力公司（KEPCO）的子公司，总部位于韩国首尔市，主要业务为发电。

9

非洲与中东地区电力行业跨国投资分析

9.1 投资环境

9.1.1 宏观环境

从政治环境来看，近期区内国家政治社会稳定状况将有所好转。在中东地区，阿拉伯国家与以色列关系出现好转，阿联酋等国与以色列关系实现正常化。在新冠肺炎疫情带来的严峻政治和经济形势下，阿拉伯国家希望通过与以色列改善关系，获得合作与发展的机会。在非洲，非盟、西非国家经济共同体（西共体）等非洲区域组织主动作为，成功斡旋马里政治危机，主导埃塞俄比亚、苏丹和埃及三方水资源谈判，区内各国政局趋于稳定。当前区内的主要安全稳定因素来自伊朗问题，美国、以色列与伊朗的紧张对峙仍无缓和迹象。此外，南非一度陷入动荡，恢复状况仍有待观察。

从经济环境来看，区内各国有望实现稳定的经济复苏。区内经济稳定增长的原因在于受到新冠肺炎疫情影响的经济活动逐步恢复。世界银行在6月发布的《世界经济展望》报告中预测，撒哈拉以南非洲经济2021年增长率为2.8%，2022年有望升至3.3%。尼日利亚、南非、安哥拉等地区大国的经济也将出现不同程度的复苏，上述三国2021年的经济增速预计分别为1.8%、3.5%和0.5%，而2022年则分别为2.1%、2.1%和3.3%。中东、北非经济2021年增长率为2.4%，2022年将升至3.5%。沙特阿拉伯、伊朗、埃及3个主要经济体2021年均有望实现2%以上的增速。不过，区内平均经济增速低于全球平均增速，可能使区内国家与其他地区的经济差距进一步拉大。尽管经济增长可在2021年获得恢复，但疫情带来的社会影响仍然不会消散，2021年非洲极端贫困人口数量仍将达到4.65亿，占到非洲人口总数的三分之一。新冠肺炎疫情的另一个长期后果是非洲国家债务激增。非洲开发银行指出，疫情冲击和由此产生的经济危机已对各国财政余额和债务负担产生直接影响。

9.1.2 行业发展

区内各类电源均有较大投资空间。从电源投资来看，火电仍将是区域内绝对的主力电源，2020—2025年间装机容量年均增速为3.15%。但火电在总装机容量中的占比将出现下滑，从2020年的88.77%下降至2025年的83.4%。水电仍将作为第二大电源，装机容量在总装机容量的占比中基本不变，2020—2025年间年均增速为4.41%，略高于火电。风电和光伏发电都将迅速增长，装机容量2020—2025年间年均增速分别为20.20%和28.05%，但由于基数过小，2025年装机容量仍不及水电。核电装机容量2019—2025年间年均增速为12.05%，至2025年所占份额仍十分有限，见图9-1。

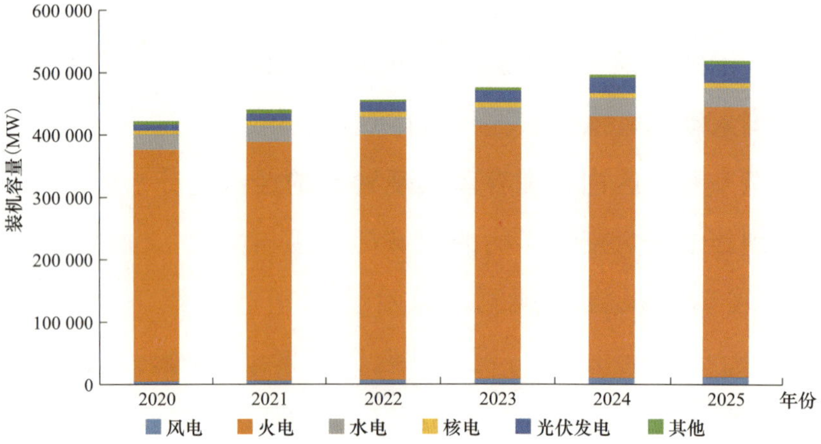

图9-1　2020—2025年非洲与中东地区主要国家各类电源装机容量

资料来源：GlobalData。

区内各国电网扩张速度不一，非洲国家电网投资空间较为广阔。阿尔及利亚2020—2025年间的输电线路长度年均增速高达5.82%，增长超过三分之一。尼日利亚在同一期间的年均增速也高达3.67%。沙特阿拉伯、埃及和阿联酋等国经济增速不快，但正大力推动能源转型，输电线路长度亦有一定规模扩张，见表9-1。

表 9-1　2020 年和 2025 年非洲与中东地区主要国家输配电线路长度及增长率预测

国　家	输 配 电 长 度（km）		年均增长率
	2020 年	2025 年	
伊朗	127 920	134 073	0.95%
沙特阿拉伯	91 041	100 372	1.97%
埃及	50 894	55 897	1.89%
阿尔及利亚	33 196	44 054	5.82%
南非	33 323	36 076	1.60%
尼日利亚	20 734	24 825	3.67%
伊拉克	19 897	21 425	1.49%
阿联酋	15 079	16 956	2.37%

资料来源：GlobalData。

非洲与中东国家的电力行业开放程度普遍较低，实行封闭一体化管理机制的国家较多，但部分国家已启动市场化改革。区域内来看，中东北非电力行业的开放程度相比之下较高。不过，在这些国家，电网企业通常仍在发电业务中占主导地位。撒哈拉以南非洲各国的电力体制则更为封闭，只有肯尼亚、乌干达等少数国家的市场化程度较高。近年来，随着经济和人口的快速增长，非洲与中东国家高度封闭的电力体制越来越无法适应经济社会发展的需求。不少国家启动改革，试图吸引更多资本进入电力行业，并提升运营效率。埃及政府在电力市场采取三大举措，一是削减补贴，提升电价；二是鼓励私营部门以 PPP 形式投资；三是重点发展新能源和煤电行业。摩洛哥计划 2020 年可再生能源占电力总装机比例提高到 42%，鼓励外国企业在风能和太阳能领域投资。肯尼亚政府鼓励通过公私合营模式（PPP）推动私人投资电力建设项目。尼日利亚政府正致力于推动电力行业私有化改革，来自国外的私有投资者将充分享受投资优惠政策。

9.2 投资最新进展

9.2.1 投资概况

（一）投资目的地

在本报告提及的四个主要区域中，非洲与中东地区的电力行业年度投资额最少，为240.73亿美元，阿联酋为区内电力行业投资最多的国家。2020年，阿联酋电力行业投资交易24宗，总交易额39.81亿美元。排名第二的为尼日利亚，全年交易15宗，总交易额11.83亿美元。其他电力行业投资较多的国家还有埃及（7.46亿美元）、安哥拉（7.23亿美元）和南非（3.83亿美元）。

（二）投资领域

2020年，非洲与中东电力行业交易额最高的领域为化石燃料发电和水电。化石燃料发电全年交易23宗，交易额增长23.01%，达到93.93亿美元。排名第二的水电全年交易16宗，交易额大涨277.60%，达到72.16亿美元。光伏发电和输配电交易额分别为63.62亿美元和58.74亿美元，增长15.25%和91.15%。风电交易额则为22.63亿美元，降低17.80%。

（三）投资模式

在存量资产规模有限的非洲与中东地区，资产投资是电力行业投资的最主要模式。2016—2020年非洲与中东地区电力行业各种投资模式投资额具体见图9-2。2020年，非洲与中东电力行业共发生各类交易190宗，总交易额240.73亿美元，交易额与上一年度基本持平。全年共发生82宗投资，总投资额167.63亿美元。排名第二的投资模式为债务融资，全年交易13宗，总投资额39.85亿美元。排名第三的投资模式为并购，全年交易18宗，总投资额23.05亿美元。

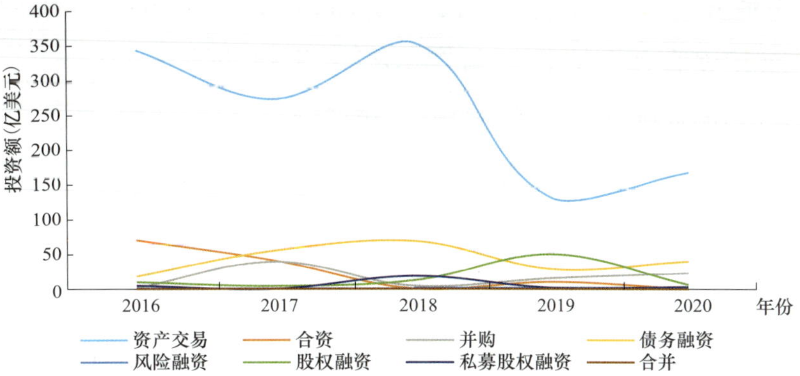

图 9-2 2016—2020 年非洲与中东地区电力行业各类投资交易额

资料来源：GlobalData。

9.2.2 重要趋势

（一）非洲可再生能源逐渐起步

彭博新能源财经、牛津大学等国际权威机构报告显示，化石燃料仍将是非洲地区的主要电力来源，但由于非洲各国及相关能源企业不断推动可再生能源开发，可再生能源发电在非洲将迎来新的发展机遇。对 54 个非洲国家的 2500 多个发电厂进行比对分析后发现，除水电外的可再生能源发电仅占非洲电力供应的 3%。风能、太阳能等可再生能源具有极大发展潜力。此外，非洲可再生能源发展存在地区差异。尼罗河和赞比西河流域国家主要依靠水力发电。南非则在太阳能利用方面处于领先地位，预计 10 年后，非洲 40%以上的太阳能发电量将来自南非。

国际能源署发布的《世界能源展望 2020》报告指出，2021 年，撒哈拉以南非洲地区仅太阳能产业的投资需求就达 60 亿美元。南非已成为非洲大陆第一个实现太阳能发电超过 1GW 的国家。南非计划到 2024 年，风电容量增加 3.3GW，在解决其国家电力公司 Eskom 问题的同时努力减少对煤炭的依赖。在市场装机总量已趋于饱和的情况下，南非与南部非洲发展共同体（简称南共体）成员国建立了南共体可再生能源与能源效率中心，支持和协调地区可再生能源发展。

南共体可再生能源与能源效率中心表示，非洲国家在太阳能、风能以及沼气利用等技术方面开展合作，有助于解决农村电力供应率低的问题。埃及、摩洛哥、纳米比亚等国均制定了可再生能源发展目标。2020 年 3 月，塞内加尔的首个风力发电站投入运营，4 月，塞内加尔与中资企业签订协议，建设该国首个分散式风能电站（容量 12MW）。

（二）非洲外国投资多元化程度提升

2015 年以来，非洲外国直接投资持续低迷。2020 年对非洲的外国直接投资下降至约 400 亿美元，跌至 15 年前水平。绿地项目投资下降 62%，国际项目融资（与大型基础设施项目密切相关）下降 74%。全球需求不振以及区域内各国经济疲软等因素抑制了资金流入，只有少数有大型绿地项目落地的非洲国家吸引外资有所增加。非洲正进一步推动外国投资来源的多元化，以支持区内能源电力发展。

2021 年 6 月 22 日，韩国企划财政部表示，已与非洲开发银行、韩国进出口银行签订了 5 年 6 亿美元额度的韩一非能源投资框架（KAEIF）协议。KAEIF 是为共同发掘非洲地区能源基础设施项目、推进相关金融支援的合作融资推进体系。韩国企划财政部表示，计划结合对外经济合作基金（EDCF）的开发项目经验和非洲开发银行的地区网络，积极发掘并支援有潜力的能源项目，同时为韩国企业进军非洲提供有效的支撑。

2021 年 3 月，俄罗斯非洲经济合作协调委员会（AFROCOM）与非洲石油和电力公司（Africa Oil & Power，AOP）签署战略合作协议，旨在扩大俄罗斯企业在非洲大陆影响力，促进俄罗斯与非洲政府和企业在能源投资等领域开展合作。

欧洲投资银行已经证实，2020 年将在非洲提供 40 亿欧元的新投资，用于新的可持续交通、可再生能源和清洁用水等领域的项目。欧洲投资银行直接支持了 22 个非洲国家的 58 个新投资项目。通过与非洲和国际金融伙伴的合作，它还通过区域融资计划支持了非洲大陆其他许多国家的项目。

（三）中东国家促进 CCUS、氢能等新产业发展

沙特阿拉伯国家石油公司正在推进碳捕集、利用与储存（CCUS）技术的发展和实施，以延长其油气行业的寿命，并降低碳排放。沙特阿拉伯、阿联酋和卡塔尔的二氧化碳捕集能力超过 400 万 t/a，约占全球二氧化碳捕集总量的 10%。一部分捕集的二氧化碳用于提高采收率，一部分用于生产蓝氢。未来，中东地区二氧化碳捕集能力还将持续增长。其中，沙特阿拉伯国家石油公司的二氧化碳捕集能力为 80 万 t/a，计划建设世界上最大的碳捕集和利用项目；阿联酋阿布扎比国家石油公司（ADNOC）计划将其 CCUS 产能扩大 6 倍，2030 年二氧化碳捕集能力达 500 万 t/a；2025 年，卡塔尔国家石油公司（QP）计划将碳捕集与封存（CCS）项目产能提高到 500 万 t/a，高于目前的 210 万 t/a，一旦北方气田扩建完成，CCS 项目产能将提高到 750 万 t/a。QP 还寻求限制天然气业务的甲烷排放，区内正竞相成为世界领先的氢能或氨出口国。2020 年 7 月，沙特阿拉伯公用事业开发商 Acwa 电力公司和美国 Air Products 公司签订合同，在沙特阿拉伯的 Neom 新城建设一个价值 50 亿美元的绿氢项目，这是世界上最大的绿氢项目，计划 2025 年投产，氢产量为 650t/d，氨产量约 120 万 t/a。2020 年 9 月，沙特阿拉伯向日本出口了世界上首批蓝氨（40t）。

阿联酋组建氢联盟，促进其氢能和氨的发展。为加快阿联酋能源转型，2020 年 1 月，ADNOC、Mubadala 和阿联酋工业控股公司（ADQ）签订协议组建氢能联盟，将在阿联酋境内开发氢能。5 月，马斯达尔公司所属的阿联酋主权基金穆巴达拉投资公司与 ADNOC、阿布扎比控股公司共同组建了氢能联盟。

阿曼也在积极推动能源转型，计划大力发展氢能。2020 年 5 月，阿曼能源巨头 OQ 及其合作伙伴宣布，将在阿曼开发一个大型综合绿色燃料项目，除建设一座发电能力为 25GW 的太阳能和风能发电厂外，每年还将生产绿氢数百万吨，用于本地消费或出口，或者将绿氢转化为绿氨出口。

9.3 典型投资案例

法国EDF可再生能源和晶科能源已完成约10亿美元的阿尔达夫拉项目融资，用于阿联酋阿布扎比的阿尔达夫拉（Al Dhafra）光伏发电项目的建设和开发。该笔融资由法国巴黎银行、中国银行、农业信贷银行、汇丰银行、MUFG、三井住友银行和渣打银行组成的财团共同提供。项目公司的股东将包括EDF可再生能源、晶科能源、阿布扎比未来能源公司（Abu Dhabi Future Energy Company）和阿布扎比国家能源公司（Abu Dhabi National Energy Company）。该项目采用独立发电商模式，EDF可再生能源和晶科能源分别持有20%的股份，其余60%由阿布扎比的两家公司持有。

阿尔达夫拉项目不久后将开始建设，该项目将部署超过400万个双面太阳能光伏组件，从而提高发电效率。总容量为2.1GW的Al Dhafra项目，将建在距离阿布扎比约35km的地方，投入运营后，阿布扎比的光伏发电能力将提高到3.2GW。晶科能源已与阿联酋水电公司（EWEC）正式签署了为期30年的电力收购协议（PPA）。该项目竞标时，晶科能源与法国电力公司（EDF）组成的联合体，给出了1.35美分/（kW·h）的破纪录的历史低价。

EDF可再生能源（EDF Renewables）是法国电力公司专营可再生发电的子公司，主营可再生能源发电和储能业务，在全球20余个国家开展业务，运营中发电资产总装机容量约为1GW，规划建设中发电资产总装机容量约为4GW。

展望篇

10

相 关 建 议

10.1 电力企业层面相关建议

(1) 明确对外投资重点方向，优化境外业务布局。

在可再生能源发电领域，结合不同地区的资源禀赋情况和能源发展规划、企业自身技术水平等，开展差异化投资。重点关注亚洲、非洲、南美洲等资源开发程度不高、能源需求增长较快的发展中国家水电项目，以大江大河流域规划和综合开发为先导，加强水电合作。重点开发澳大利亚、南非、埃塞俄比亚、波兰、加拿大与阿根廷风电市场，密切跟踪乌克兰、希腊、土耳其、印度、巴基斯坦风电市场，开拓韩国、日本、越南海上风电市场。巩固欧洲、北美洲等传统太阳能发电市场，重点推进沙特阿拉伯、巴基斯坦、印度、哈萨克斯坦、阿联酋等发展中国家和新兴大国太阳能合作项目。加快境外研发和本地化生产，在技术优势明显的国家建立清洁能源技术研发中心、装备生产基地和产品销售服务中心，提升在当地市场的响应能力，辐射周边国家市场。关注储能、氢能、生物质能等其他清洁能源发展，在更广泛的领域积极参与国际合作与竞争。

在核电领域，深耕传统市场，推动全产业链合作，投建营相结合，开拓发展潜力大的重点国家市场，联合主要核电国家开展第三方合作。深耕巴基斯坦等传统核电市场，推动开展包括核电运维、翻新、科技研发、人才培训、废物处理等的全产业链合作。重点开拓阿根廷、英国、罗马尼亚、保加利亚、南非、土耳其等市场，以工程承包为主，投资与建设运营相结合，实现自主核电技术落地，带动装备与服务等优势产能出口。通过打造标志性的合作项目，辐射拉丁美洲、欧洲、亚洲、非洲等区域市场。联合法国、俄罗斯、美国等主要核电国家，开展第三方市场开发合作。

在电网领域，抓住国外大规模清洁能源发展带来的电网扩容和升级改造需求，积极开发电网智能化和数字化项目，以及大型输变电和电网互联项目。在欧美发达市场，充分利用已有项目公司的本土品牌和资源优势，深度挖掘再投资并购机会。积极探索以参股或少量持股、工程换资源、技术入股、股权置换、第三方市场合作等方式，多途径开展电网投资经营。加强在能源互联网新业态领域的研究和布局。重点关注意大利、波兰、俄罗斯等电网需求增长较快的市场。通过 PPP、BOT 等形式积极参与发展中国家大型输变电工程投资建设和升级改造，关注中东、拉美等地区电网资产私有化项目。稳步推进与俄罗斯、中亚、南亚、东南亚等周边国家电网互联，参与其他跨国跨洲电网互联建设，通过电网互联促进各国能源资源开发、优化配置和能源转型。

（2）密切关注和主动响应绿色发展、高水平国际经贸规则等国际社会主流关切，优化境外投资和经营管理相关策略。在开展境外项目过程中，牢固树立绿色可持续的经营发展理念，注重节能环保降耗，学习借鉴国外领先企业的碳资产管理经验，遵守项目所在国和地区的碳交易市场运行规则，提升境外项目公司碳排放履约能力。关注有望成为国际资本市场主流的 ESG 投资理念，参考国内外机构制定的 ESG 评价体系，持续优化境外投资策略，提升境外资产价值。研究竞争中性等国有企业相关国际经贸新规则的影响，认识到长期来看竞争中性相关规制将有利于完善我国社会主义市场经济体制、建设更高水平开放型经济新体制、推动更深层次的国际合作与互利共赢。研究电力行业国有企业在竞争中性规则下如何优化调整经营管理模式，如转变不同类型业务的经营模式、深化混合所有制改革等，以提升竞争力。

（3）树立底线思维，提升境外合规经营管理水平。在百年变局和新冠肺炎疫情交织的大背景下，多国政府和国际机构加强了对外资监管意愿，国际制裁和长臂管辖时有发生，企业需做好较长时期应对境外合规管控形势趋严的准备。如建立健全境外合规管控体系，包括明确合规管理组织机构、完善相关制度和流程，将合规管理内嵌于法律事务、监察、审计、内控、风险防范等一系列相关工作中。收集境外合规风险相关信息，研究并严格遵守境外环保、劳工、税务（如全球税改进展与细则）、知识产权、出口管制、反腐败、反洗钱等相关法律法规。做好境外项目尽职调查，与当地政府机构、相关企业、咨询机构、媒体、非政府组织（NGO）等相关方充分沟通交流，与当地或第三国企业加强合作实现互利共赢。

（4）持续做好境外常态化防疫工作，防范各种衍生风险。强化境外疫情防控意识，密切关注东道国疫情形势，严格遵守境外项目和驻外机构等所在地的疫情防控相关规定和要求，制定疫情防控措施，因地制宜灵活调整涉外业务管理模式，向中方和外籍员工普及和培训防疫知识，加强员工跨境流动管理。对疫情可能引发的境外项目开展进度缓慢、人员出入境商务活动受限、东道国政府加强经济管制甚至出现经济社会和政局动荡不稳等各种衍生风险，进行充分预判评估，提前制定预警和应对预案。

（5）重视研发创新和业务模式创新，提高核心优势应对外部环境变化。根据自身条件和资源，找准对外投资合作存在的短板和制约因素，通过加强创新解决瓶颈障碍，包括重视技术研发创新，加快突破受制于人的核心技术瓶颈。促进境外供应链制造链销售链等多元化，确保投资经营安全。“走出去”过程中根据当地资源禀赋和市场需求，采用多项目合作模式，联合开发电力项目与电气化需求程度较高的其他行业项目（如铁路、公路、港口和物流项目等），促进当地经济社会效益最大化。探索以商品金融化方式减轻东道国财务资金负担和确保项目投资回收。

10.2 政策层面相关建议

（1）强化政府间能源电力绿色合作机制建设。在全球碳中和背景下，就绿色发展加强与国外政府和国际组织间的合作框架和交流平台建设，超前开展合作规划与政策对接。积极参与国际多边能源合作，努力营造良好的国际能源合作政治环境。充分发挥双边、多边和区域合作机制的作用，继续深化与国际能源署、国际能源论坛等重要能源组织的合作，促进开展中外电力行业技术标准互认和规则制订等工作。

（2）支持和指导电力企业在碳中和背景下优化对外投资布局。鼓励企业积极开展境外清洁能源领域投资合作，引导企业根据“一带一路”等国家地区资源条件、产业结构、能源发展规划和相关政策，结合自身业务特点共同推进能源电力绿色开发。研究支持对外绿色投资合作的配套政策和实施细则，指导搭建政府、金融机构、行业协会和企业等多方协调机制，对企业境外风电、光伏发电、智能电网、储能、绿氢、综合智慧能源等绿色低碳项目开发予以财税和考核等方面支持。

（3）指导和协调企业做好境外防疫工作并助力所在国共同抗疫。加大防疫药品、试剂、疫苗和其他防疫物资的对外出口和援助，帮助其他国家共同抗击疫情。建议驻外使领馆等机构与所在国政府加强沟通交流，了解当地疫情防控最新进展和规定、反映企业在防疫和生产经营过程中遇到的困难。协调防疫物资的多渠道采购、运送入境和分配，解决当地政府和中资企业等的抗疫需求。指导企业加强和完善员工出入境防疫安全管理。

（4）通过强化合规监管和完善反制措施指导企业提升境外合规风险管控能力。一方面，强化对企业境外经营行为的合规监管。将合规监管融入事前、事中、事后全流程监管过程中，指导企业严格遵守境内外法律法规，确保依法合规经营。另一方面，针对不合理的国际制裁、长臂管辖等行为，研究完善相关反制措施。如进一步细化外国投资安全审查制度，建立宽严相济、既有利于吸引外资又能够在必要时作为反制武器的审查机制。提升人民币在国际社会中的地位和国际化进程，鼓励和协调国际电力合作项目采用人民币结算，以规避汇率波动和不合理制裁等相关风险。

参 考 文 献

[1] 商务部，国家统计局，国家外汇管理局. 2020 年度中国对外直接投资统计公报 [R/OL]. http://www.mofcom.gov.cn/article/news/202109/20210903203247.shtml.

[2] 中国企业联合会，中国企业家协会. 2021 中国跨国公司 100 大及跨国指数 [EB/OL]. http://cec1979.org.cn/view_sy.php? id=47421.

[3] 中国新能源海外发展联盟. "一带一路" 可再生能源发展合作路径及其促进机制研究 [EB/OL]. http://www.nrdc.cn/Public/uploads/2019-04-24/5cbfd534b89d4.pdf

[4] 江瑞平. RCEP：国际经贸秩序隐现东亚方案 [J]. 世界知识，2021，(04)：19-21.

[5] 亚历山大 史维特里契尼，张娟娟，李苡墨 . 欧盟企业并购制度在中国国企海外并购案中的实践逻辑——"最坏情形" 下 "单一经济体" 的认定 [J]. 国际商务研究，2021，42 (01)：63-72.

[6] 韩冰 .《中欧全面投资协定》市场准入谈判与应对建议 [J]. 中国发展观察，2020，(13)：5.

[7] 丛书编写组 . 世界百年未有之大变局初析 [M]. 北京：中国市场出版社，2020.

[8] 巴曙松，谌鹏 . 竞争中性原则的形成及其在中国的实施 [M]. 厦门：厦门大学出版社，2021.

[9] 盛斌 . 中国、CPTPP 和国际经贸新规则 [J]. 中国经济评论，2021，(04)：92-96.

[10] 国家发展和改革委员会 .《中华人民共和国国民经济和社会发展第十四个五年规划和 2035 年远景目标纲要》辅导读本 [M]. 北京：人民出版社，2021.

[11] 杜春国 . 境外投资合规风险识别与应对 [J]. 中国投资，2019，(07)：81-82.

[12] 王刚 . 企业国际化合规风险管控 [J]. 企业管理，2019，(04)：89-91.

[13] 胡洁 . 疫情下 "一带一路" 基础设施投融资新风险及防范 [J]. 银行家，2020，(11)：66-69.